不適切な昭和

葛城明彦
ノンフィクションライター

JN147908

841

中公新書ラクレ

はじめに

　近年、若者の間で昭和ブームが起きているとの話をよく耳にする。昭和歌謡をレコードやカセットテープで聴いたりするほか、家電を収集したり、その頃のアイドル歌手や事件、風景などの動画を再生する者も増えているという。もちろん、同時代をリアルで過ごした40代以上の世代でも、「昭和」は宴席などで場を盛り上げるための鉄板ネタ化しており、当時の思い出はもはや共通の話題として欠かせないものとなっている。

　もうかなり以前にはなるが、２００５（平成17）年には、昭和30年代を舞台にした映画『ＡＬＷＡＹＳ　三丁目の夕日』（漫画原作・西岸良平、山崎貴監督）が大ヒットし、同時期から博物館やデパートでは、昭和の暮らしをテーマにした展示やイベントも頻繁に開催されるようになった。また、テレビでは世代間のギャップを楽しむような、昭和関連のバラエティ番組が現在に至るまで絶えず放送されている。

そうしたメディア等において、昭和は一般に「暮らしが日々豊かになっていて、人間同士の温かなふれあいがあり、希望に満ち溢れていた時代」などと語られていたりする。

だが、それはあくまでも美化されたイメージであって、実態としては至る場面でトンデモがまかり通っており、どこまでも「野蛮で乱暴、いい加減で不潔、不便なことだらけの時代」であった。今の昭和マニアの若者たちにしたところで、当時の映像等を眺めたとすれば、おそらく心の底では「こんなスマホもパソコンもない時代なんて、とてもじゃないけど暮らせない」とでも思うに違いないのである。

とはいえ、もちろんそうした理想化された描かれ方の、何もかもが嘘だったというわけではない。人間関係が今よりはるかに濃密で、景気がほぼ上り調子となっていたのも事実であるし、規制がユルユルで監視もされず、何でも自由に伸び伸びとできていて、世の中全体が活気に満ちていた、というのもまた確かではあったのだ。

結局、月並みなまとめ方にはなるが、どの時代にもよい面と悪い面があり、トータルで考えれば、社会はさほどよくも悪くもなってはいない、ということにはなるのだろう。

それにしても、驚くべきは社会常識の変化とその速さである。本文でも詳しく述べているが、昭和時期に誰も何とも思わず喜んで眺めていたことが、10年と経たないうちに重大な犯罪行為になっていたりもするし、世間では「あり得ない」といわれるようになっていたりもするのである。その上、大半の人々はそれらをビックリするほどのスピードで忘れ去ってしまうのだ。

本書はそれらを含め、テレビなどではほとんど報じられないような「裏」の昭和文化史をテーマとしている。一見してバカバカしいように思える状況や、ホンの片隅での出来事であっても、すべてが人々の生活の記録であり、歴史の一部ということにはなるはずである。

内容としては、昭和40年代~50年代を中心に6つの章でまとめているが、昭和世代は懐かしみつつ、若年世代は今昔の違いに驚きながら、過ぎ去った昔の「笑い話」として、どうか軽い気分でお読みいただきたい。そしてまた、同時に世相の変容やその理由について考える際などは、多少であれ本書も参考としていただけるならば幸いである。おそらく、「表」のみならずこうした「裏」の一面も知ることで、あの時代をより具体的かつ立体的に捉え直していくことも可能になるのではないかと思う。

※なお、本書で出典が明記されていない箇所は、昭和40年代～昭和末期までを東京・練馬区の中流家庭で過ごした筆者の記録（日記等）と記憶に基づくものです。あらかじめご了承ください。

目次

第3章　家庭と職場 ——のんきなようで意外と地獄

第4章 交通――ルール無用の世界

企画協力／安宿緑
装幀／中央公論新社デザイン室
本文ＤＴＰ／今井明子

不適切な昭和

第1章　社会　――暗くて汚かった街

タバコを吸えない場所がほとんどなかった

喫煙率のピークは1966（昭和41）年で、この年の成人男子喫煙率は83・7％にも達していた（2018年の調査では27・8％　※「JT全国喫煙者率調査」〈同年にて終了〉による）。吸わない男は「クソ真面目」「カタブツ」「ちょっと変わった人」のようにみられており、今とは反対に肩身が狭かった。当時は、電車内・バス内・飛行機内・飲食店・映画館・スポーツの試合会場から病院の待合室に至るまで喫煙OKで、基本的には吸えない場所など存在しなかった。昭和40年代前半頃までは、23区内の大手私鉄車内でも喫煙は可能で、ラッシュ時間帯になると車両連結部の幌の中で吸う人も多く、吸い殻はみな、床や連結板で踏んづけたりしていた。当然ながら、駅のホームも線路も吸い殻だらけ。そのため、当時の新人駅員の最初の仕事といえば、炭バサミとバケツを使っての、線路・ホームの吸い殻拾いだったくらいなのである。

都や区の職員も、くわえタバコにサンダル履きという恰好で勤務しており、応対の時もタバコを離さない者が結構いて、タクシーの運転手なども吸いながら運転していた。学校の男性教員もほとんどが喫煙者だったため、職員室は決まって煙でモウモウ状態。灰皿は、どこの学校でも生徒に洗わせていた。また、野球・相撲・ボクシングなどのスポーツも大半の人はタバコを吸いながら観戦しており、後方の席からはグラウンドや土俵、リングが霞《かす》んでみえることも多かった。中元・歳暮などの贈答品としても人気で、「全国共通たばこ券」というものもあった。

また、タバコは歌謡曲の歌詞にもよく登場していた。代表的なところでは、「**あなたの好きなタバコの香り／ヨコハマ**」（『ブルー・ライト・ヨコハマ』1968〈昭和43〉年：橋本淳作詞・筒美京平作曲・いしだあゆみ歌）、「**くちづけ／残り香／煙草の煙**」（『よこはま・たそがれ』1971〈昭和46〉年：山口洋子作詞・平尾昌晃作曲・五木ひろし歌）、「**煙草の匂いのシャツに／そっと寄り添うから**」（『赤いスイートピー』1982〈昭和57〉年：松本隆作詞・呉田軽穂作曲・松田聖子歌）などなど。そのものズバリでは、『煙草のけむり』（1973〈昭和48〉年：五輪真弓作詞・作曲・歌）、『スモーキン・ブギ』（1974〈昭和49〉年：新井武士作詞・宇崎竜童作曲・ダウン・タウン・ブギウギバンド歌）というタイトルの曲もあった。

　さらに、これに加えてレコードのジャケットでも歌手がタバコを吸っている場面は頻繁に使用されていた。一番有名なのは『ルビーの指環』（1981〈昭和56〉年：松本隆作詞・寺尾聰作曲・歌）で、寺尾の場合は同時期に発売された『Reflections』ジャケットでも、タバコの火で「Love」の字を描いた写真が用いられている。そのほか、『シクラメンのかほり』（1975〈昭

和50〉年：小椋佳作詞・作曲・布施明歌）、『ひとりで生きてゆければ』（1976〈昭和51〉年：小田和正作詞・作曲・オフコース歌）、『青葉城恋唄』（1978〈昭和53〉年：星間船一作詞・さとう宗幸作曲・歌）、『春雷』（1979〈昭和54〉年：山木康世作詞・作曲・ふきのとう歌）など、ニューミュージック系のジャケットでもタバコは雰囲気を出すためによく使われていた。

タバコは、ドラマ・映画に登場する男性もほとんどが吸っており、これにより心情や時間の経過が表現されることも多かった。例えば、デートの待ち合わせでイライラしている男の足元には、よく吸い殻が散らばっていたし、刑事ドラマでも、捜査が難航している時のボス刑事の灰皿では吸い殻が山のようになっていた。

刑事ドラマでは、張り込みを行う場面でも決まって新米刑事と一緒にいるベテラン刑事はタバコを吸っており、アパートから犯人が出てきて追いかけ始める際には、「行くぞ！」といいながら指で弾いて捨てたりしていた。

また、タバコは男性性の象徴であり、昭和後期になると「キャリアウーマン」を示す記号としても多用された。雑誌で「男性ばりに働く女性」を撮影する際には、それっぽい雰囲気を演出する小道具として用いられており、掲載された後で「本当は吸えないのに持たされた」といっている女性も時おり見受けられた。

なお、禁煙が広がり始めたのは同じく昭和後期からで、それまで世の人々はタバコがそんなに体に悪いものとは思っていなかった。ましてや周囲の他人にまで害を及ぼす（受動喫煙）などとは考えてもおらず、遠慮するという発想自体がほぼなかったのである。１９７８（昭和53）年に市民団体が「嫌煙権」という造語を提唱し、１９８４（昭和59）年には「禁煙パイポ」がヒット商品になるなど、昭和後期から徐々にそうした動きは広がり始めていたが、本格的にニュースなどで取り上げられ、社会一般で認識されるようになったのは１９８９（昭和64／平成元）年のことである。この年、アパートやマンションのベランダでタバコを吸う「ホタル族」が流行語になったあたりから風向きが変わり、以後はパッケージに警告表示、「健康増進法」の制定、ＴＶ・ラジオＣＭの全面禁止など、タバコに対する規制がどんどん強化されていった。近年に至っては、吸える場所の方がむしろ極端に少なくなっている状況である。喫煙習慣は、もはや現代において急速に滅びつつある文化の一つといってもよいのだろう。

ポイ捨て当たり前で、街はどこもゴミだらけだった ⚠

２００５（平成17）年に大ヒットした映画『ＡＬＷＡＹＳ　三丁目の夕日』では、昭和30年代の街並みがたくさん出てくるが、あれを観て違和感を覚えた高齢者も多かったのではないだろうか。そもそも、昭和40年代までの日本はどこをみたって、あんなにキレイではなかったのだ。

街はゴミだらけ、道は吸い殻と吐き捨てられたチューインガムが散乱していて、歩いていると時々靴の裏にガムが貼り付いて動けなくなったりもした。夏はアイスバーを食べると、スティックをそのまま投げ捨てる人が大半だったし、むいた皮を捨てながら甘栗を食べている人もよくみかけられた。昔の漫画では、よく道に落ちているバナナの皮で滑って転ぶという描写があったが、道に食べ物のゴミが落ちていることが日常的な光景だったからこそ成り立つ表現であって、今の若者ならばその前提自体、すでに理解は不可能であろう。

紙クズを道に捨てるのも普通の話で、漫画や映画、テレビドラマ、曲の歌詞でもそうしたシーンは頻繁に登場していた。つのだじろう作・画の将棋漫画『5五の龍』（1978〈昭和53〉年～1980〈昭和55〉年：少年画報社『週刊少年キング』連載）では、主人公に恨みを持つ男から将棋の作戦書を渡された主人公の友人たちが、「こんなものはいらない」といって全員歩道橋の上から投げ捨てたりしているし、有名な藤子不二雄Ⓐの半自伝漫画『まんが道』（1977〈昭和52〉年～1982〈昭和57〉年：少年画報社『週刊少年キング』連載）でも、2人が制作途中の原稿を一緒に列車の窓から投げ捨てるというシーンが描かれている。

また、道路ではないが、1972（昭和47）年のフォークグループ「ガロ」の曲『一枚の楽譜』（山上路夫作詞・村井邦彦作曲）では「**ちぎった楽譜は花ふぶき／川面に舞い落ちる**」という一節があったりする。ドラマでも、失恋した男性が泣きながら彼女からの手紙をビリビリに破いて道や川に捨てるシーンや、成績が上がらない受験生が返されてきた答案用紙を「ちきしょう、ちきしょう」といいながら、粉々に破いて道に叩きつける場面などが当たり前のように映し出されていた。今ではそうしたシーンは自主規制を含め、ほぼＮＧ表現となっているようである。

川がドロドロに汚れていて、凄まじい悪臭がした

昭和40年代の終わりまで、ほとんどの人は川を「一種のゴミ捨て場」のように考えていた。今とは違って、汚いもの、いらないもの、有害なもの、臭いものは、すべて川か海に流すのが当然とされていたのである。

街なかでも道の両側は側溝になっていることが多く、各家庭の生活排水がそのまま流されていた。さらには昭和40年代半ばまではほとんどフタもされていなかったため、三輪車や自転車に乗った子供がよく転落してケガをしたり汚物まみれになったりしていた。また、そうした溝は半月も経つと沈殿物でヘドロだらけになるため、各町内会では掻き出す作業が必須となっていた。

　生活排水は、こうした側溝をへて工場排水などとともにそのまま周辺の川に流されていたため、東京23区内の中小河川は、当時ほぼすべてが真っ黒な「ドブ川」と化していた。家庭の主婦が橋の上から生ゴミを捨てたり、バキュームカーが糞尿を流したりする光景もみられ、中にはテレビ・冷蔵庫・自転車などの粗大ゴミを投げ捨てるロクデ

昭和45年の多摩川。生活排水がそのまま流されていたため、洗剤の泡だらけとなっていた　写真：毎日新聞社／アフロ

ナシもいたりした。

そうしたこともあって、多くの河川が合流する隅田川や多摩川などはさらに深刻な状態となっており、川面からは凄まじい悪臭が漂っていた。隅田川は１９６３（昭和38）年に溶存酸素ゼロの「死の川」と化しており、多摩川も泡だらけになった流れや死んだ魚が浮かぶ映像がしばしばニュースで流れていたため、都民からは「見捨てられた川」扱いされていた。

しかし、やがて公害問題がクローズアップされ、下水道が普及し始めると、昭和50年頃からは「川をきれいに」という考え方も広まって、各河川はウソのように浄化され始めた。今では多摩川でもアユが遡上しているし、都内中小河川でも水遊びが可能になっているところが少なくない。昭和時代と現在を比較しても、この点に関してはまったく文句なしに改善された一面といってよいだろう。

海も真っ黒か真っ茶色で、湘南は「イモ洗い海岸」と呼ばれていた

多くの川が汚染されれば、当然それが流れ込む海も同じである。東京湾などは真っ黒でドロドロの状態となり、ゴミも大量に浮かんでいた。１９６０〜１９７０年代にはＰＣＢ（「ポリ塩化ビフェニル」の略称：毒性があり健康被害を及ぼす物質。１９７２年に製造禁止）汚染が問題となり、「奇形魚が発見された」などというニュースも流れたため、一時は湾内で獲れた魚介類がまるで売れなくなったこともあった。また、１９７０年代半ばまでは富士市（静岡県）近辺の製紙会社からの汚水による田子の浦港のヘドロ汚染が深刻化し、水深も１〜２メートルにまで浅くなり、貨物船が立ち往生するようになったりしていた。

水質検査により「不適」とされる海水浴場も増加し、東京湾内であればかなり南まで行かないと水遊びも難しかった。それでも、しぶとく都内近くで海水浴場として生き残っていたのが幕張海岸（東京寄りの千葉県）で、１９７３（昭和48）年までは総武本線の幕張駅近くには「汐干狩　海水浴幕張海水浴場」というアーチも架かっていたし、海の家まであったりした。とはいえ、そこも海水はすでにコーヒー色になっており、泳ぐだけで病気になりそうなくらい汚かった（現在は埋め立てが進み、海岸は約2キロ先まで移動してしまっている）。

首都圏で何とか泳げるレベルの海岸を探しても、まだ貧しかった当時の若者たちでは、鎌倉・逗子・葉山あたりまで行くのが精一杯で、そのため昭和40年代までの湘南海岸は大変な混雑となっていた。砂浜はシートやビーチパラソルでいっぱい、最盛期は隙間もみつからない状態で、泳ぎ出せばすぐに人にぶつかるため、ほとんどの人はただ海水に浸っているだけであった。夏は連日、そんな光景がみられたことから、テレビ番組でも湘南はしばしば「イモ洗い海岸」などと揶揄《やゆ》されたりしていた。そして、ここでもやはり周辺の生活排水は川を経由して直接流れ込んでおり、海水浴客もどんどんゴミを捨てていたため、水の汚れ方は凄まじかった。打ち寄せる波は茶色く濁り、浜辺で膝まで海に浸かれば足先はみえないくらいで、海面には食いかけのトウモロコシだの発泡スチロールだのも大量に浮かんだりしていたのである。

凄まじい賑わいぶりとなっていた湘南海岸。ゴミだらけではあったが、若者たちの熱気に満ち溢れていた　写真：久保靖夫／アフロ

余談であるが、筆者は子供の頃から湘南海岸で

しか泳いだことがなかったため、海とはそういうものだとずっと思い込んでいた。そのため、10代後半で山陰海岸に行って沖の方まで透き通る海をみた時はたいへんな衝撃を受けた。今ふり返ってみても、よくあんなドブみたいなところで泳いでいたもんだな、と思ってしまうのだが、あの頃はむしろ何も知らなくて幸せだったのかもしれない。

日焼けが「体に良い」と信じられていた

現在でも日焼けサロンはあるし、日焼け愛好者も一部いるだろうが、昭和の頃は大半の人が日焼けをしたがっていた。「紫外線が有害」などという知識は誰も持っておらず、「日焼けは、すればするほど健康になる」と思い込んでいたのである。

また、ルックス的にも「小麦色の肌」は女性の間で憧れとなり、1966（昭和41）年には前田美波里《びばり》のポスター「太陽に愛されよう」（資生堂ビューティケイク）、1977（昭和52）年にはカネボウ化粧品サンケーキポスターで夏目雅子の「Oh!クッキーフェイス」（日焼けした女性の健康的な顔）が話題になったりしていた。海もプールも大きな公園も日光浴する人だらけで、サンオイルは飛ぶように売れていたし、「コーラを塗ると早く黒くなる」といった噂もあって、実際それを試す人もちらほらみかけられた（色素の関係で黒くなったりはするらしいが、肌には有害とのこと）。

学校でも、夏休み前の最後の朝礼では、決まって校長先生が「また新学期、真っ黒になったみなさんと会えるのを楽しみにしています」と話していたし、「夏に日焼けしておくと、（皮膚が鍛えられて）冬になっても風邪を引かない」という迷信も、世間一般では普通に信じられていたのである。実際、新学期になっても白い肌だと、教師からは「夏も終わっているのに、そんな青っちろいモヤシみたいな体でどうする。情けないヤツだ」といわれ、反対に真っ黒になっている生徒は「○○君は、まるで南洋の土●（差別用語）のようだね」といって褒められたりしていた。また、9月中旬に行われる神社の秋祭りでは、よく「く●んぼ（差別用語）コンテスト」というのも開かれていて、優勝した子にはノートや鉛筆が贈呈されていた。

ハワイやグァム・サイパン等への海外にも「たっぷり焼いてきます」などといって出掛ける人が多く、時には焼き過ぎて死んだ話がニュースになったりすることもあった。筆者の記憶では、昭和の終わり頃にも、海外の島で真っ黒になってきたOLが帰国後に「具合が悪い」といって会社を休み始め、同僚が様子をみにいったら亡くなっていて、死因は「やけど」だった……なんて事故が報じられていて、この時にはニュースキャスターも「日焼けもほどほどに」といって注意喚起していた。

飲食店も家の中もハエだらけだった

昭和40年代半ばまでは汲み取り式のトイレがほとんどだったため、どこでも驚くほどの数のハエが飛んでいた。家の中も飲食店の中もハエだらけで、数本下がった「ハエ取りリボン」はどれも真っ黒、そこでもがき苦しむハエをみながら食事するのが普通だったのである。家庭や飲食店でテーブルを囲んでいる時も、話し込んでいるとすぐにハエが2~3匹ご飯やおかずに止まったりしたが、当時の人はあまり気にせず、手や箸でパッパッと払ってそのまま食べていた。

それでも、東京・山の手などはまだマシな方で、江東区付近になると夢の島からのハエで「街が真っ黒」とさえいわれ、一番ひどかった昭和40年前後頃などは各飲食店も壁から天井までほぼハエに占領されていた。

各家庭の壁には決まって「ハエ叩き」がぶら下がっていて、壁に止まっているハエをみつけるたび、みなパンパンと叩いてそれを潰していたし、家庭で食事の用意ができると、家族が揃うまで蠅《はい》帳《ちょう》（フードカバー）をかぶせておくのもごく一般的な習慣だった。

なお、当時はクーラーも普及していなかったので、夏になると窓や扉を開けっ放しにして扇風機をひたすら回し続ける飲食店も多かった。そのため、蛍光灯の周囲には大量の蛾が飛び回っており、どれだけ「イヤだなあ」と思っていても、それを眺めつつ羽音を聞きながら食事するほかなかったのである。

日本中で公害病が問題になっていた

日本が高度成長を遂げていた昭和40年代まで、各地で大気汚染や水質汚染が深刻化しており、それらを原因とした「水俣病」（熊本県）、「新潟水俣病（第二水俣病）」、「イタイイタイ病」（富山県）、「四日市ぜんそく」（三重県）が「四大公害病」とされていた。ほかにも「富士ぜんそく」（静岡県）、「川崎ぜんそく」（神奈川県）などが問題となっており、日本中で公害病が頻繁に発生していた。

しかし、昭和40年代前半までは、まだそれらも「日本経済成長の証」「各種産業発展のためには止むをえないこと」とみている人が多かった。都内の小学校では「社会科見学」として工業地帯へ行くのも定番で、筆者も小学校時代には川崎の京浜工業地帯を見学しているし、その他千葉県のマザー牧場へ行く途中では君津（千葉県）の京葉工業地帯に立ち寄って解説を聞かされたこともあった。

その時は教師からも、「素晴らしい」「立派な工場がこんなにも建ち並んでいる」「これによってみんなの暮らしもどんどん豊かになっているんだ」といわれたが、筆者などはなんだか納得できず、モクモク上がる真っ白な煙を眺めたり、異臭を嗅いだりしながら、「うわ、こんなところに住むなんてたまんないな」と思ったりしたものだった。

また、見学の翌日には学校で感想文を書かされたりしたが、やはりそこでも「工場がどこまでもつづいていて感げきしました」「ぼくたちがふだんつかってるものが、こうして作られているんだとわかってうれしかった」といった、教師の意向に沿うような作文が「五重丸」（最高評価）とされて読み上げられたりしていた。批判などできるような雰囲気はなく、「とにかく世の中これでいいんだ、そう思え」という無言の圧力めいたものさえ感じられた時代であった。

特に大気汚染が都内近郊で大問題になったのは、光化学スモッグ騒動の時である。1972（昭和47）年には、練馬区の石神井《しゃくじい》南中学校で生徒たちが大量に倒れ、連日報道されたりもした。ただし、周辺の他の学校ではそこまでの大規模被害は発生しなかったため、「一部については集団ヒステリーのようなものではなかったか」とする説（心因説）も地元では依然有力となっている。たしかに思春期で精神的にも不安定な時期であるだけに、周りの生徒がバタバタ倒れたりすれば、「そういえば自分も……」となるのは十分起こり得ることだったのかもしれない。それでも、遠くの風景がやたら霞んでみえたり、目がチカチカしたりすることが多かったのは事実で、市町村ではしばしば注意報も発令していた。また、駅前には必ず電光掲示板で「只今の公害状況　オキシダント濃度0・10ppm」といった測定値が表示されていたりした。

経済成長一辺倒の流れがハッキリ変わっていったのは昭和40年代後半からで、その頃になるとマスコミも騒ぎ出し、公害への批判は猛烈に高まっていった。そして、それとともに小・中学校では、工業地帯の風景を賛美するような風潮も完全に消え失せていったのだった。

商店が昼間から夕方までしか開いていなかった ⚠

昭和の頃の商店やスーパーは、どこでもだいたい朝10時頃開店で、夜7時台には閉まっていた。そのため、街は夜になるとわずかな街灯の明かりがあるだけで真っ暗だった。また、当時は専業主婦が多数であったため、夜8時を過ぎて外を歩いている女性は極端に少なかった。それだけに、1970年代に、朝7時から夜11時まで営業するセブンイレブンがオープンした時には誰もが仰天していた（同店の初期のキャッチフレーズは「あいててよかった」である）。

1977（昭和52）年に練馬区で新店がオープンした際は、新聞に「何と‼ 朝7時から11時まで開いているスーパーマーケットが誕生‼」という、やけにビックリマークだらけの折り込みチラシが入っていたが、それをみた筆者の母と兄は、「朝の7〜8時とか、夜8時過ぎて買い物をする人なんて世の中にいるのかしら……?」「何か買い忘れた人とかはいいんじゃない?」などという会話をしていた。

周囲でも話題にはなっていたが、その頃はまだ「あれで経営なんか、成り立つわけがない」「すぐに潰れるに決まっている」などといって冷やかな目でみている人が大半だった。また、今となれば笑い話だが、当時は夜になると、「怖いものみたさ」で恐る恐る店の様子を眺めに行ったりする人も現れていた。さらには学校でも、「昨日、夜偶然前を通りかかったら、中に人がいてさ……」などと、あたかも怪談のように語っている生徒がいたりした。大部分の人はすでに忘れているであろうが、今のように朝から夜遅くまで男女問わず大勢の人々が外を歩いたり、店に入ったりしているのは、あの頃ほとんど想像もつかなかった光景なのである。

年始に営業している店がほとんどなかった ⚠

近年、コンビニの元旦営業の取り止めが話題になったが、昭和40年代後半までは、三が日に営業している店など一部を除けば洋・和菓子店や寿司屋くらいだった。そのため、一人暮らしの若者などが年末に食料品の買い溜めを忘れると、めでたい正月も水だけで過ごしたり菓子で食い繋ぐしかなくなったりしていた。当時はATMも存在しなかったため（初導入は一部を除き1977〈昭和52〉年）、年末にうっかり銀行で金をおろすのを忘れると、最悪の場合休み明けまで一文無しで過ごすほかなく〈ただし、1993〈平成5〉年まで銀行は大晦日まで営業しており、1972〈昭和47〉～1992〈平成4〉年までは「日曜にあたった場合のみ休業」となっていた〉、その間は友人宅に転がり込んだり、親戚や知人宅を回ったりしながら食事にありつこうとする話もよく聞かれた。

時期的には昭和30年代になるが、漫画家の梁山泊「トキワ荘」に当時住んでいた漫画家の赤塚不二夫が、友人に雑煮の汁を全部飲まれてしまったため、仕方なく数日何もつけずに焼いた餅だけを食い続けたというエピソードも、漫画マニアの間ではよく知られている。昭和50年頃まではそうした話は決して珍しくなく、正月明けには大学等で笑い話となっていることもよくあった。

休日のデパートが「ハレ」の場所だった

昭和40年代まで、休日のデパートは特別な場所だった。父親が「今度の日曜には〇〇デパートに行くぞ」といい出せば、子供たちは全員「やったー!」となり、数日前から何の売り場に連れていってもらうか、屋上でどうやって遊ぶか、何を食べるか等々計画を練るほどだった。

大人にとっても非日常的な空間だったことは間違いなく、母親は朝から気合を入れて化粧をしていたし、父親も普段使いではないスーツを着たりしていた。もちろん、子供たちも「よそいき」の服を着て、ワクワクしながら親たちを「早く、早く」などと急《せ》かしたりしていたのである。そして、全員が見守る中で父親が代表となって玄関にカギをかけ、出発する時には「さあ、行くぞ！」といった感じで、全員ちょっとした興奮状態であった。

デパートに着くと、たいてい屋上にはいつも「大売り出し」などのアドバルーンが上がっていた。子供たちは、親の目的である紳士服や婦人服売り場につきあえば、あとはおもちゃ売り場や切手売り場に行けたし、屋上の遊園地でも遊ばせてもらえた。そして、お昼には大食堂に入り、揃って食事もできた。メニューにはもちろんビーフステーキやうな丼もあったが、並の家庭の子供ではそんなものが注文できるはずもなく、小学校低学年なら日の丸の旗が付いた「お子様ランチ」、中〜高学年ならカレーライスやオムライス等を選ぶというのが暗黙の了解となっていた。ウェイトレスもメイド服みたいな制服を着ているのだが、入口で販売している食券を片手でもぎって、半券をテーブルに置いていく仕草が手慣れていて、子供からすればそれらもカッコよくみえたりした。

さらに、そこで食べるカレーライスというのがまた凄くて、家で食べるそれとは違ってご飯に直接カレーはかかっておらず、魔法のランプみたいな別容器にカレールーが盛られてあるのだった。

筆者は初めてみた時、「こりゃ、すげぇな」とつぶやいたら、横にいた兄に「お前、知らねぇのかよ。インド人っていうのは、こうやって食ってんだよ」と威張られてしまったのだが、大人になってから考えてみたら、あれは英国式であってインドなんて無関係であった。その頃は情報も少なかった時代でもあるし、どこでも子供の知識などせいぜいその程度だったのであろう。

しかし、ふり返ってみても、あの頃のデパートはなぜあんなに楽しかったのか、と思う。いつの間にか、日常の中でのそうしたハレの場は消えてしまったが、あの時の不思議な高揚感を今も鮮明に記憶している人は決して少なくないはずである。

街じゅう子供だらけで、老人の姿が少なかった

現在は少子高齢化がとめどなく進んでいるが、昭和の時代はどこへ行っても子供だらけで、反対に老人の姿が極端に少なかった（1965〈昭和40〉年の平均寿命は67・74歳、65歳以上の高齢者が総人口で占める割合は6・3%：厚生省［現・厚生労働省］調べ）。1971（昭和46）年～1974（昭和49）年には「第二次ベビーブーム」が起きており、1973（昭和48）年の出生数は約211万人（厚生省［現・厚生労働省］調べ）にも達している。その頃に生まれた子供たちが小・中学校に進む年齢になると、××ニュータウンや巨大団地群のそばの学校は1学年45人×十数クラスになっていて、休み時間の校庭は超過密状態と化していた。

マンモス校としては、1951（昭和26）年に神戸市垂水区の垂水小学校で児童数4300人、1958（昭和33）年佐賀県大町町の大町小学校

で児童数4069人などの記録があるが、昭和40～50年代でも全校児童数が2000～3000人に達している学校はあちこちに存在していたのである。

当時は塾に通う子もまだ少なかったので（小学生の通塾率は昭和51年で12・0％、平成5年で23・6％：文部省〔現・文部科学省〕調べ）、放課後のグラウンドや公園では場所の取り合いが熾烈を極めており、ケンカもしばしば起きていた。駄菓子屋も子供でいっぱいで、後述のように街なかの路地も遊ぶ子供たちに占拠されたりしていた。また、団地ではよく「子供まつり」といったイベントも行われていたのである。

今ではその時にできた学校も生徒数減少により次々に消滅しており、統廃合が進んでいる。都内でも1学年25名×2クラスというところがあったりするが、そうした学校で朝礼をやっている風景をみると、まるでどこかの田舎の分校のようである。

廃校となった学校の校舎は、公共施設として活用されていることが多く、地方では郷土資料館や宿泊施設になっているところも目立つ。

子供を中心としたイベントや祭りは消滅しつつあり、存続の危機に瀕しているものも少なくない。例を挙げれば、埼玉県秩父市の「塚越の花まつり」（毎年5月4日開催）も、昔はおおぜいの子供たちで行われていたが、ついに小学生の数がゼロとなり（2024年現在）、今では遠くから子供を呼び寄せたりしているのである。

子供たちの歓声が響く、活気に満ちた風景も今やすっかり遠い昔のこととなった。２０２４（令和６）年の出生数は過去最低となる約72万人（厚生労働省調べ）。これに対し、同年の65歳以上の高齢者の推計人口は約３６２５万人（総務省統計局調べ、以下同）で総人口に占める割合は過去最高の29・３％となっている。さらに２０３６年にはその割合が33・３％に達し、「日本人の３人に１人は高齢者」となる。寝たきり老人や孤独死するケースも激増しており、長生きは決しておめでたいことではなくなった。大勢の子供たちがおじいちゃん・おばあちゃんを囲んでその長寿を祝う、なんて時代はおそらくもう二度と訪れないのであろう。

子供でも酒やタバコが買えた

お使いで、小さな子供が父親の代わりに酒やタバコを買いに行くのは、まったく普通の光景だった。「ハイライト」「日本盛《にほんさかり》」などと書かれたメモを握り締め、それがどんなものかも分からないまま、お店で「ハイライトとニホンサカリをください」なんて言っていた思い出を持つ人も少なくないだろう。お釣りはたいがいお駄賃になるので、喜んで行きたがる子供も多かった。

　なお、昭和の時代は中・高校生でも、もちろん酒・タバコは自由に買えた。タバコやカップ酒・

ビールの自動販売機はどこにでもあって（当然、年齢認証なんてものはない）、店で購入する時も「父親に頼まれた」とでもいえば、販売する側も断る理由がなかったのである。

街なかにやたらと空き地があった

赤塚不二夫や藤子不二雄漫画に出てくる通り、かつては町のあちこちに「空き地」があった。また、そうした場所にはなぜか土管が置かれてあったりした（今思えば、高度経済成長の中で建設ラッシュが続いていたためなのだろう）。漫画では、誰かに追いかけられた登場人物が土管の中に身を隠してやり過ごす、というのも定番のシーンであった。

子供たちの間でも、「遊び場」＝「空き地」というイメージが定着しており、当時は同義語のように使われることも多かった。見知らぬ子と空き地で知り合う風景は、有名なＮＨＫ教育テレビの番組『みんななかよし』主題歌の中にもあって、「口笛吹いて／空き地へ行った／知らない子がやってきて／遊ばないかと笑って言った／ひとりぼっちはつまらない／誰とでも仲間になって／なかよしになろう／口笛吹いて／空き地へ行った／知らない子はもういない／みんな仲間だ／なかよしなんだ」（北川幸比古作詞・桑原研郎作曲・東京放送児童合唱団歌）と歌われている。

なお、この『みんななかよし』は、１９６２

（昭和37）年～1987（昭和62）年にNHK教育テレビで放送されていた、小学校中学年向けの学校放送（教科は「道徳」）である。学校の授業でテレビがみられるとあって、当時の生徒たちは大喜びで、「すべての教科が道徳だったらいいのに」などといっている子もいた。

話は横道にそれるが、近年ネット上では右記の歌詞の解釈を巡ってちょっとした論争が起きたことがあった。歌詞の「知らない子はもういない」の部分をどう捉えるかで、「一緒に空き地で遊んだ子は、それ以降友達同士になったので『知らない子』ではなくなった」とする説と、「知らない子とは、その後会うことはなかった。でも、彼は自分の心の中ではいつまでも友達のままだ」とみる説の二派に分かれたのだ。筆者などは、自分にも同様の経験があったのでまったく疑問に思わず後者で解釈しており、前者のような解釈があったことには逆にビックリしてしまった。

いずれにしても、もう今となってはネットで偶然知り合うことはあっても、空き地で出会って、お互いニッコリし合い、しばらく一緒に遊ぶ……なんてことは起こり得ないのだろう。何だか味気ない世の中になってしまったようにも思うのだが、移り変わってゆく時代の中ではこれも仕方ないことなのかもしれない。

⚠ 道路が子供たちの遊び場になっていた

子供たちはみな、道路でキャッチボール・缶蹴り・だるまさんがころんだ、鬼ごっこ等々の遊びを行っており、アスファルトにはろう石でよく絵も描いていた。車が通るたび、「タイム！」と言って中断し、そばの塀にへばりついてやり過ごしたことを懐かしく思い出す人も多いだろう。

一番の問題は、昭和40年代半ばまでトイレがほとんど汲み取り式で、バキュームカーも頻繁に走っていたことだった。そうした車は、なぜかホースの吸い込み口に野球の軟球をくっつけたまま（おそらくサイズがピッタリだったのだろう）、それを引きずりながら走っていたため、道路は糞尿の跡だらけになったりしていた。キャッチボールをやっていて、うっかりワンバウンドさせるとそれがベチャッと付くこともあり、「ワンバンさせんじゃねーよ！」「わりぃ、わりぃ」なんてやり取りもよくみられた。ただし、その頃の子供は身近に糞尿があったためか、今ほど汚くは思っておら

道路で遊ぶ子供たち。住宅街のアスファルトの道路はろう石で描かれた絵でいっぱいになっていた　写真：中谷吉隆／アフロ

ず、そうした場合でも軽く水で洗うか、ちり紙で拭く程度のことしかしていなかった（気にしないタイプだと、シャツの端っこで拭いたりもしていた）。筆者も当時を思い出すとビックリなのだが、こうした衛生観念は自分でも気が付かないうちに変わっていたりするのである。特に水洗トイレの普及は、短期間のうちにも人々の意識を劇的に変化させたといえるのであろう。

やがてバキュームカーは姿を消して行ったが、その頃になると塾に通う子も増え、交通量が増えたこともあって、子供たちが道で遊ぶ風景は年々みられなくなっていった。今となっては、広場や公園からも彼らが遊ぶ姿はほぼ消えてしまっており、たまに母親が幼児を遊ばせる姿などが眺められる程度となっている。

台風が来るたび、どの家もみな『地球最後の日』のようになっていた ⚠

戦後しばらくの間、日本はアメリカ占領下にあったため、１９４７〜１９５２（昭和22〜27）年の間はハリケーンにならって台風に「カスリーン」だの「キティ」「ジェーン」だのといった珍妙な英語の女性名がつけられていた。その後昭和30年代には「伊勢湾台風」「狩野川台風」など地域名で呼ばれることが増え、昭和40年代以降は単に「〜号」で呼称されるのが普通となっていった（ただし、「アジア名」は現在もあり、一般的な知名度は低いものの「Ｙａｍａｎｅｋｏ（ヤマネコ）」など日本提案の星座名も付けられている）。

昭和40年代まではこうした台風が来るたび、毎回甚大な被害が出ており、世間は大騒ぎとなっていた。都内でも、1つの中小河川沿いで数千世帯が床上・床下浸水することがよくあり、2階からゴムボートで脱出する話も頻繁に聞かれた。実際、豊島区高田付近の神田川沿いなどでも、平成初期頃までは1階の天井近くに水の跡が残っている古い民家がところどころに残っていたりしたのである。

台風が来ると、だいたい小・中学校は授業が半日で終わって集団下校となっていたので、生徒たちはみな大喜びであった。学校では「帰宅したら、絶対外出しないように」と厳しく注意されていたが、面白がって街を歩く子供たちは結構多かった。

木製の電柱が倒れたり、看板が吹っ飛び、川が氾濫していたりするさまは一大スペクタクルという感じで、のちのち学校でも恰好の話のタネになったからである。

そうした日に帰宅すると、だいたい会社を早退してきた父親が家の脆弱な箇所に釘を打ちつけていたり、母親が近所の乾物屋で缶詰などを買い込んだりしていた。

夜になると、雨戸を閉めて家族全員で家の中に籠もることになるのだが、電柱がみなダメになるためか、当時はしばしば停電になったりしていた。当然テレビもつかないので、電池式のラジオを聴きながら、ローソクの明かりの中で缶詰の夕食となるのだが、それらは子供たちにとって、どこかワクワクする非日常的な光景でもあった。

コナン・ドイルのSF小説『地球最後の日』では、地球が毒ガス帯の中に突入することを知った主人公が、ありったけの酸素ボンベを持ち込んで、数人の知人とともに部屋に立てこもる……というシーンが出てくるのだが、台風のたび大半の家庭はまさしくそうした状況になっていたのである。

当時の家は造りがチャチだったせいか、凄まじい暴風雨の音が聞こえることも多く、夜遅くになってもみななかなか寝付けなかったりした。そうした時に子供が「今、どうなっているんだろう」と思って少し窓を開けて顔を出したりすると、必ず親兄弟には「バカ、閉めろ！　何か飛んでくるぞ！　死にたいのか！」などと怒鳴られたりした。

そんな夜でも、結局のところ子供たちはいつの間にか寝てしまうのだが、夜が明けると外は決まって台風一過の快晴となっていた。街はメチャクチャになっていて、大人たちはその後片付けに追われていたが、子供たちはそれを横目に、何だかウキウキした気分で学校に向かったりしていた。

繁華街や幹線道路が不良と暴走族だらけだった ⚠

大半の中学・高校では不良グループが存在しており、1960年代であれば「愚連隊」が繁華街などを歩き回っていたし、1970年代になると「ツッパリ」と呼称された連中が街のあちこちにいて、剃り込みを入れた頭やリーゼントヘアで、ウンコ座りになってタバコをふかしながらたむろ

していた。気の弱そうな学生やサラリーマン相手にカツアゲ（恐喝）を行うことも多く、そのため歩く人たちは極力目を合わせないようにしていた。それらの不良文化は、1972（昭和47）年のキャロル（リーゼントと革ジャンスタイルのロックグループで、当時は矢沢永吉が在籍）らのデビューや、1983（昭和58）年連載開始の『ビー・バップ・ハイスクール』（講談社『週刊ヤングマガジン』掲載、きうちかずひろ作・画）の大ヒットなどにより、いっそう加速していった。

高校生以降はバイクで暴走するのも定番で、そうした連中は1960年代に「カミナリ族」と呼称されていたが、やがて1970年代に入ると一般大衆化して「暴走族」と呼ばれるようになった。彼らはバイクのマフラーを外し、凄まじい爆音を立てながら大集団で走りまくるため、土曜の夜などどこでも幹線道路沿いの住人はみな眠れず悩んでいた。

暴走族のあいだでは、もともと勉強嫌いで漢字もロクに読めなかったりするメンバーが多かったりする反動からか、「難解な文字を使う方がカッコイイ、オシャレ」とする文化が定着していた。

週末の夜の幹線道路では、我がもの顔でバイクを走らせる暴走族らの姿が絶えなかった　写真：毎日新聞社／アフロ

それは万葉仮名のようなもので、有名なところでは「夜露死苦」（ヨロシク）「仏恥義理」（ブッチギリ）「愛羅武勇」（アイラブユー）「本気」（※「マジ」と読む）「魔武駄致」（マブダチ＝親友）「魔苦怒奈流怒」（マクドナルド）等々があり、「鏖」（みなごろし）という名のグループもあった。

暴走族の特技は「落書き」で、大きな壁や長い塀をみつけると、そこに黒のスプレーで片っ端から右記のようなヤンキー文字を書きまくっていた。「ＳＰＥＣＴＥＲ」など自らのグループ名を入れていることもよくあり、多くは「参上」という言葉で締められていた。一番よく被害に遭っていたのはやはり大規模な塀を持つ寺院で、１９７０年代には埼玉県川越市の名刹《めいさつ》・喜多院でも塀一面に落書きがなされて大騒ぎになったことがあった。

なお、暴走族にはもちろん女性版もあって、彼女たちは「レディース」と呼ばれていた。どこもかなり気合の入ったお姉さんばかりがいて、グループによっては男性暴走族以上に規律も厳しかったと伝えられている。

　暴走族向けの雑誌もあって、『ヤングオート』（1981〈昭和56〉年～2001〈平成13〉年：芸文社）、『チャンプロード』（1987〈昭和62〉年～2016〈平成28〉年：笠倉出版社）、レディース向け『ティーンズロード』（1989〈昭和64／平成元〉年～2016〈平成28〉年：大洋図書）も一時はバカ売れしていた。

　暴走族は、極悪高校生のほかブルーカラーの若者が中心だったが、そうした男が商店街をブラブラ歩いていると、「兄ちゃん、いい体してるね」といわれて自衛隊にスカウトされる話もよくあった。

　やがて警察の取り締まりの強化に加え、厳しい上下関係を嫌う若者が増えたこと、少子化、趣味の多様化などにより暴走族は廃れていくが、今も当時の名残りを留めたまま矢沢永吉のコンサートに集結したり、バイクをこよなく愛したりしている元ヤンチャオヤジたちは少なくない。

　ちなみに、プロボクシング世界4階級制覇・2階級4団体統一王者の井上尚弥の父・真吾も若い頃は神奈川県内の暴走族のメンバーで、テレビのインタビューを受けた際には、毎回ニヤニヤしながら「私は若い頃、『ツーリングクラブ』に入っていまして……」などと答えたりしている。

立ち小便をしている人がいっぱいいた

かつては街を歩いていると、男が塀や電柱に向かって立ち小便している風景が至るところでみられた。特に、あまり人の通らない路地に長い塀や壁があったりすると、だいたいそこは小便の跡だらけになっていた。たしかに今と違ってコンビニもあまりなく、トイレの数自体も少なかったが、それより大半の男が「小便はしたくなったらそこでするもの」との認識を持っていたのである。頻繁に被害に遭っていた家では、よく該当箇所に神社の鳥居マークを描いたりしていたが、みた限りではあまり効果も上がっていない様子であった。

余談であるが、筆者が通っていた高校でも校舎の脇には長い金網が続いている箇所があって、そ

鳥居マークは住宅の塀のほか、駐車場の壁や電柱などにもみられた　写真：イメージマート

こが「立ち小便の名所」と化していた。ある時、中年の男がやはり立ち小便をしていたのだが、ランニング途中の女子テニス部員たちが偶然通り掛かってそれを目撃し、「キャーッ」ともの凄い悲鳴を上げていたことがあった。男は焦りまくっていたが、すぐに小便を止められず、結局は左右に振り撒きながら小走りになって逃げ出していた。もう半世紀近く前のことだが、筆者は今でもたまにあのコミカルな光景を懐かしく思い出したりすることがある。

赤ちゃんを連れた母親の授乳風景が時々みられた ⚠

昭和50年頃までは、乳児を連れたお母さんが、電車内でいきなり乳房を出して授乳を始めるのも普通の風景だった。男はみなジロジロみないようにしていたし、そんな時は誰もが何だか妙にテレくさい気分になり、車内にもホンワカした独特の空気が流れた。しかし、筆者が今ふり返ってみてもそれはとても尊く、美しい光景であった。「みえた！」とか「コーフン」とか、そんなエロい気分にはカケラほどもならなかったし、「子育て」とは、こういうものなのだと教えられると同時に、一途に子を思う母の姿には素直に感動もさせられた。筆者が最後にそのシーンを目撃したのは１９７０年代の後半のこと。もう今後、あんな母親の姿がみられることはないのだろうか。

若者が3畳や4畳半アパートに住んでいた

昭和の時代は、大学生もトイレ・流し共同の3畳一間や4畳半の部屋に住んでいるのが普通で、学生街近くではやたらとビンボ臭いアパートが軒を連ねたりしていた。

だが、当時はそんな生活もどこかユーモラスに語られていることが多かった。「金属製の洗面器でご飯を炊いている」とか「夕立ちがあると、パンツ1枚で外に出てシャワー代わりにしている」といった話なども、しばしば武勇伝として伝えられ、そうした男は豪傑のように思われて、逆に尊敬されたりしていたのである。

なお、1972（昭和47）年～1973（昭和48）年には上村一夫作・画の漫画『同棲時代』（双葉社『週刊漫画アクション』連載）が大ヒット、さらに同時期の1973（昭和48）年になると南こうせつとかぐや姫の曲『神田川』（喜多條忠作詞・南こうせつ作曲）、1974（昭和49）年『赤ちょうちん』（喜多條忠作詞・南こうせつ作曲）も大ヒットして、若者の間で〝同棲ブーム〟が起きたことがあったが、そこで描かれているのも、都会の片隅・狭いオンボロアパートの1室で男女が肩寄せ合って生きる哀しい姿だったりした。

『同棲時代』の今日子と次郎も、ギターが置かれ鳥かごが提がっている古いアパートで暮らしていたし、『神田川』の歌詞は「**赤い手拭いマフラー**

にして／二人で行った横町の風呂屋」「窓の下には神田川／三畳一間の小さな下宿」となっており、『赤ちょうちん』の歌詞も「あのころふたりのアパートは／裸電球まぶしくて／貨物列車が通ると揺れた／ふたりに似合いの部屋でした」といった具合だった（＝4畳半フォーク）。

漫画の世界では松本零士が「大四畳半シリーズ」の1作として『男おいどん』（1971〈昭和46〉年～1973〈昭和48〉年：講談社『週刊少年マガジン』連載）を大ヒットさせて以降、「4畳半モノ」といわれるジャンルも確立されていくことになった。松本零士といえば、比較的若い世代には『銀河鉄道999』『宇宙戦艦ヤマト』などSFロマンで知られているが、30代の頃は「じめじめした穿き古しのサルマタ（パンツ）を押し入れに投げ込んでいたら、そこに『サルマタケ』というキノコが群生し始め……」とか、それを近所の中華料理屋に食材として卸したり、女の子に食べさせる、といったトンデモ作品を描いていたのである。

それでも、こうした作品は多くの若者の共感を呼び、その後も延々受け継がれていくことになった。代表的なところでは、『独身アパートどくだみ荘』（1979〈昭和54〉年～1993〈平成5〉年：芳文社『週刊漫画TIMES』連載、福谷たかし作・画）、『ぎゃぐまげどん』（1984〈昭和59〉年～1985〈昭和60〉年：双葉社『アクションHERO』連載、相原コージ作・画）、『大東京ビンボー生活マニュアル』（1986〈昭和61〉年～1989〈昭和64／平成元〉年：講談社『モーニング』連載、前川つかさ作・画）、『ハーツ&マインズ』（1986〈昭和61〉年～1989〈昭和64／平成元〉年：集英社『ビジネスジャンプ』連載、いましろたかし作・画）、『ザ・ライトスタッフ』（1989〈昭和64／平成元〉年～1990〈平成2〉年：同）などがあり、いずれも人気連載となった。

だが、昭和終わり頃からのバブル景気到来とともに、3畳・4畳半アパートは次々に取り壊され、若者たちは最も狭くて6畳風呂付きの部屋に住むのが普通となっていく。そして、時を同じくしてメディアの世界からもオンボロアパートは、ほぼ消滅していったのだった。

しかし考えてみれば、若者が貧しいのは当たり前の話で、国内に限らず海外でもしばしば狭い部屋に住む貧しい若い絵描きと女性の恋愛などが小説のテーマになったりもしている。それでも、そうした状況が「ギャグ」や「哀感あるロマン」として通用するのは、やはりせいぜい20代後半までということになろうか。30過ぎのビンボーなどシャレにもならず、ただみっともないだけであるし、それは今も昔も変わらない。「若いって素晴らしい」のだが、結局いずれはみな何とかしなければならない時が必ず来るのであって、すなわちそれが「青春の終わり」ということになるのであろう。

公衆電話の前に長蛇の列ができていた

昭和の時代はもちろん携帯電話など普及しておらず、いったん外に出れば電話は公衆電話を利用するほかなかった。

店頭における公衆電話は、1951（昭和26）年に新橋のタバコ屋に黒電話として第1号が設置され、1953（昭和28）年以降では、順次赤電話に切り替えられている。電話ボックス用の青電話が登場したのも赤電話と同年で、1954（昭和29）年には硬貨投入式の赤電話が登場し、1959（昭和34）年には「ピンクの電話」がアパート・病院・喫茶店などに設置された。1968（昭和43）年に青電話からダイヤル市外通話が可能となり、1972（昭和47）年には100円硬貨に対応した黄電話が登場、これはのち、1975（昭和50）年からプッシュホン式の公衆電話となっている。

1972（昭和47）年からはダイヤル市外通話がすべて可能になっているが、この頃電話機につけられていた「ビジネスに声のたよりに公衆電話」とのコピーを懐かしく思い出す人も少なくないだろう。1982（昭和57）年にはテレホンカード式公衆電話「緑の電話」の設置が開始され、さまざまなデザインのテレホンカードも人気となっていった。

ちなみに、今では信じられないような話だが、1970（昭和45）年1月30日に「3分10円」となるまで、市内通話は時間無制限であった。切り替わった当日にはテレビのニュースでも、「これで『女性の長電話が減る』といって、喜んでいる男性もたくさんいるのではないでしょうか」などという、今なら問題となりそうな報道も盛んになされていた。

こうした公衆電話は数が限られているため、並んで待つことも多かった。特に電車が止まったり大幅に遅れたりすると、駅の公衆電話前には長蛇の列ができた。

当時はもちろん、駅での待ち合わせでも遅れれば相手に知らせる方法はなく、待たされた方も15〜30分ほど経って相手が姿を現さない場合は、伝言板に「○分待ちましたが、来ないようなので帰ります。○山○子　PM2：00」などと書いて帰宅したりしていた。駅では改札口が2か所以上あるのに気づかず、待ち合わせ場所を間違えて会えずに終わるケースもあり、そうした状況は、ドラマなどで「あの人はついに現れなかった……」と思いながら別れを決意する、というシーンとして描かれることも多かった。

そのほか、公衆電話が登場する定番シーンといえば大学の合格発表で、掲示板の前には特設の公衆電話が並べられ、そこから「母さん、受かったよ」といった電話をする姿が毎年ニュース番組で報じられていた。

また、公衆電話はどこか「離れた場所にいる恋人」を連想させるアイテムであったためか、曲の歌詞にもよく登場していた。1973（昭和48）年のダ・カーポ『結婚するって本当ですか』（久保田広子作詞・榊原政敏作曲）では「**花屋の店先の／赤い電話に立ち止まる**」と歌われたし、1977（昭和52）年の尾崎亜美の『マイ・ピュア・レディ』（尾崎亜美作詞・作曲）はちょっとオシャレな感じで、「**ダイヤルしようかな／ポケットにラッキーコイン／ノートに書いたテレフォン・ナンバー**」となっている。

時代は平成になってしまうが、携帯電話普及直前である1993（平成5）年の森高千里『渡良瀬橋』（森高千里作詞・斎藤英夫作曲）にも、「**床屋の角にポツンとある公衆電話おぼえてますか／きのう思わずかけたくて／なんども受話器とったの**」との一節がある。外出先で公衆電話をみつけて、迷ったり悩んだりするというのもあの頃ならではの話で、現代の若者にしてみれば、これはおそらく想像もつかないシーンということになるだろう。

なお、公衆電話も今ではほとんどみかけなくなったが、災害時優先電話となるため、おおむね市街地では1キロ四方に1台、その他の地域では2キロ四方に1台の割合で設置することが電気通信事業法の施行規則で決められている（停電でも使用可能）。特に東日本大震災以降は、当時携帯電話が通じなくなったことから非常用電話の見直しが行われ、2023（令和5）年9月末時点では災害用公衆電話も2万5255か所5万1393台にまで増加している。

⚠ アイドルの「追っかけ」が10代までの趣味だった

今は、30〜50代、中には60代以上のアイドルファンも普通に存在しているが、かつてアイドルは10代だけの趣味だった。中学生・高校生が中心で、大学生でも1〜2年ならまだ許される雰囲気があったものの、3〜4年にもなってアイドルのポスターを部屋に貼ったりしていると、「お前、まだそんなことやってんのかよ」などといわれて友人に笑われたりした。

1984（昭和59）年には、アイドルの倉沢淳美が握手会の際、26歳の男に切りつけられるという事件が発生したが、翌日のワイドショーではコメンテーターの1人が「26歳にもなって、こんなとこに行く人もいるんですね……」と言って絶句したりしていた。

かつては未成年の趣味であったことから、対象となるアイドルもだいたい20歳くらいで限界とされており、青春時代を共に過ごして「卒業」、となるのが当然とされていた。今のように中年ファンが激増したのは、独身中年男性が世に溢れるようになったことと、その可処分所得に目を付けた大手広告代理店の仕掛人らが策略を練り、ある意味「世論操作（＝中高年がアイドルを追いかけていても恥ずかしいことではない、とする）」を行ったことによるところが大きい。現在、ピン（単独）のアイドルがほとんど姿を消し、グループアイドルだらけになっているのも、年齢が上がってきたメンバーを卒業させることによって新陳代謝を図り、ファンたちがいつまでも「推し活」を続けられる（仕掛ける側とすれば、金を吸い上げ続けられる）ような仕組みに切り替えていった結果でもあるのだ。

なお、1990年代～2000年代ひと桁頃の芸能界では、「どん底からのスタート」を演出する手法も一部で流行した。「路上から歌い始めて大スターに」「最初は客が数名しかいない状態からトップアイドルに」といった物語がしばしばテレビでも紹介されていたりしたが、これはもちろんすべてヤラセである。小劇場を拠点に個人で始めた地下アイドルでさえ数十名集客できたりするのだから、大手広告代理店や日本の各トップ企業、テレビ局、大物プロデューサーがチームを組んで始めたアイドルグループが、数名しか集客できないなんてことは間違っても起こり得ないのだ。彼らが本気になれば、連日テレビや新聞、雑誌で告知を出すことだってできるし、自社・子会社・孫会社・関連会社まで大規模に「お触れ」を出して動員を掛けることだって可能なのである（実際、筆者も広告の仕事をしていた時期には、代理店から何度も動員を掛けられている）。

要するに、これは最初ワザと誰にも知らせず、客が集まらないようにしてスタートさせた、というだけの話。ちょっと考えれば誰でも分かることなのだが、世間知らずの若者などは結構そうした「伝説」を信じ込んでしまっているようである。

20歳を過ぎればだいたいの人は夢を諦めていた

現在と違い、大人になるのが早かった時代で、夢を追ってフラフラしている連中も20歳を過ぎれば考え直すことが多かった。今は芸人を目指す若者などでも、「30歳までに芽が出なければ辞める」と親に宣言しているケースが多く、昭和の時代よりは10年ほど延びている感がある。

昭和後期にはニューミュージックで『女優志願』（1984〈昭和59〉年：岸田智史作詞・作曲・歌）という曲があり、女優を目指しながらもオーディションで落とされ続けた女性が、「**女優志願のあたし22歳／そろそろ夢も終わりかな……**」と嘆く歌詞になっている。今の若者であれば「早過ぎるんじゃないの？」との感想を抱きそうだが、女性の結婚適齢期が「24歳くらい」と考えられていた当時の感覚は、だいたいそんなものだったのである。

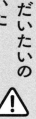

外人力士が超レアだった

今はモンゴル出身などの外人力士だらけで、日本人力士が横綱になったり優勝したりすると騒ぎになるが、昭和の時代では、外人力士の方が珍しい存在だった。ハワイ出身の高見山（12代・東関親方：日本国籍を取得した力士の第一号、現役時代＝1964〈昭和39〉年～1984〈昭和59〉年）が外人力士として初めて十両に昇進し、関脇にまで到達したが、その頃は筆者も母親から「ほら、この人みてごらん。外国人なのにお相撲さんなのよ」などと教えられたことがあった。

　また、のちにはハワイ出身の小錦（現役時代＝1982〈昭和57〉年～1997〈平成9〉年）が大関まで昇進して人気を集めたりしていたが、初の横綱誕生（初の外人横綱は曙）は平成（5年＝1993年）になってからのことである。その途中ではトンガ力士6名（椰子ノ島・南ノ島・福ノ島・日ノ出島・幸ノ島・友ノ島）が話題になったこともあったが、1976（昭和51）年に所属部屋の騒動に巻き込まれ、いずれも廃業している。なお、小錦は大関で好成績を挙げた際も横綱に昇進できなかったため、「人種差別だ」と発言し、当時はかなりの物議を醸したりしていた。

巨漢力士として大活躍した小錦。「ハワイの黒船」とも呼ばれた
写真：Fujifotos／アフロ

クチコミで都市伝説が広まっていた

ネットも何もない時代だったが、クチコミで広まる都市伝説の類はやたらと多かった。

昭和40年代で一番有名だったのは、「某有名バーガーチェーンのハンバーガーは猫肉（またはミミズ）でできている」との噂。だいたいのパターンは決まっていて、「アルバイトの店員が店の裏口にあったポリバケツをふと開けたら、猫の頭が大量に入っていた」というものになっていた。ただ、各店舗内で精肉作業を行っているわけではないので、これはちょっと考えれば誰でもデマと分かる話であった。

ほかには、「井の頭公園（または上野・不忍池）でボートに乗ったカップルは別れる」というのもよく若者の間で言われており、これには「池に祀られている弁財天が嫉妬するため」などというそれっぽい理由までこじつけられたりしていた。昭和の時代はボートに乗るカップルが多く、しかももともと若い頃の交際など大半は長続きしないので、乗った直後に別れたとしても別段不思議ではないのだが、そうした人間が集まると「俺も……」「そういえば私も……」となって、結局のところ「あそこは縁起が悪い」となってしまうようなのである。そのためか、現在もなお「○○に行くと別れる」「○○すると別れる」のような都市伝説は日本中に分布しているといわれている。

また、昭和中期以降では「就活都市伝説」もよく囁かれていた。そうした中でも最も有名だったのは、「ある大学生がサッポロビールでの就職面接の際、面接官から何を聞かれても答えず、面接官が怒って『なぜ君は黙っているのか』と問うと、その学生はおもむろに『男は黙ってサッポロビール！』と回答、面接官らはこれに感心し、内定を出した」という話であった。「男は黙ってサッポロビール！」とは、1970（昭和45）年三船敏郎が出演していた同社のCMのコピーなのだが、驚くべきことにこれは以後数十年にわたって、「その年、本当にあった話」として大学生間で語られ続けていたのである。なお、サッポロビール側はもちろん、「そのような事実は確認できていない」として否定しているという。

話は前後するが、昭和40年代前半頃までは、子供に注意喚起を促すため怖がらせるのを目的とした「創作都市伝説」も一部にあった。代表的なところでは、「暗くなってからも外で遊んでいると、サーカスにさらわれる」という話があって、筆者も当時は本気で信じ込んでいた。さらには、そこで芸を仕込まれる際は、「体を柔らかくするため酢を飲まされる」ともいわれていたので、苦手だった酢の物をみるたび、「そりゃ、たまんないな」などと思ったりもしたものだった。

ただそれでも、日暮れの早い秋の夕方とかには、ついつい暗くなるまで外で遊んでしまうことが多かった。「バイバイ」といって友人と別れてからふと周囲をみると、いつの間にやら誰もおらず、そうなると電柱や塀の陰からサーカスの団員が自分を狙っているようにも思えてきて、恐怖のあまり泣き叫びながら帰ったこともあった。

しかしふり返ってみると、昭和期の夕暮れ時には、今ではあり得ないような奇妙な静けさとか、どこか不気味な雰囲気が漂っていたのだが、あれは一体なんだったのだろうか？

「交通戦争」「受験戦争」という言葉があった

ホンモノの戦争は１９４５（昭和20）年に終わり、１９５６（昭和31）年7月17日になると、政府は経済白書の中で「もはや戦後ではない」との認識を発表するが、高度経済成長期以降は代わってゴミ戦争（※Ｐ77）のほかに「交通戦争」「受験戦争」といった言葉が一般化していった。「交通戦争」は、昭和30年代以降、国内の交通事故死者数が日清戦争での日本側の戦死者数（１７２８２人）を上回る勢いで増加したことから、それになぞらえて付けられた名称だった。

交通事故死者数は、ピークの１９７０（昭和45）年には１６７６５人（警察庁調べ・事故死者数は以下同）に達し、その後減少したものの昭和末期の１９８８（昭和63）年にはまた1万人を超えて、「第二次交通戦争」とも言われた。現在は、歩道・ガードレール・横断歩道橋の整備、バイクのヘルメット着用の義務化、乗用車におけるシートベルトの着用の義務化、酒酔い運転をはじめとする交通違反者への罰則強化、さらには若者の車離れも進んだことで、かつてと比べれば大幅に減少しており、2023（令和5）年は2678人となっている。ただし、今は認知症を発症した高齢ドライバーなどによる危険運転や、それに伴う事故も多発していて、新たな問題となっているようだ。

「受験戦争」は、1960年代〜1980年代までよく使われていた言葉で、第1次ベビーブーム世代の進学時期に該当したことや、高校および大学への進学率が急上昇したことなどが主な要因となっていた。この緩和を目的として1979（昭和54）年には「共通一次試験」が導入されたが、結果的には偏差値による国立大学の序列化が助長され、受験戦争の過熱化を招いただけとなってしまっている。

しかし、1990年以降は、大学入試センター試験が導入され、さらに推薦入学・AO入試など選抜機会も増加し、また大学が新設される一方、少子化が急速に進んだことで、大学進学はどんどん容易になっていった。

一部難関校の入試突破に関しては依然激しい競争が続いているが、近年中堅以下の大学では恐ろしいほどレベルは低下してきている。筆者の周囲でも、中学の英語も満足にできなかったりで、「えっ！　ウソ、お前が〇〇大の学生？」といいたくなるような者が何人もいて、今昔の差には驚くばかりである。

なお、2023（令和5）年には、ついに定員割れの4年制私立大が全体の53・3％に当たる320校にも達しており、私立短大に至っては定員割れが92・0％となっている（日本私立学校振興・共済事業団調べ）。女子大も77％が定員割れとなっており、共学化や共学大学への統合も進む一方だ。

平成後期からは廃校・募集停止となる大学も増えており、もう選ばなければどれほどの劣等生でも大学生になれる時代になってしまった。また、難関校に合格したとしても、今は「〇〇大卒」の肩書だけでは通用しない時代となっている。昭和の頃、親たちは、「一流高校から一流大学に進めば、一流会社に就職できて一生安泰」なんていい続けて子供たちの尻を叩いていたが、それもすっかり遠い時代の記憶となろうとしているようである。

銀行に金を預けるとノーリスクで恐ろしいほどの利息がついた

今は金融機関に金を預けてもほとんど金利はつかず、将来に備えて資産運用だのＮＩＳＡがどうたらとかよくいわれているが、昭和の時代は特別何もしなくても、驚くほどの金利がついた。

郵便局の定額貯金など、１９７４（昭和49）年9月・10月、１９８０（昭和55）年4月14日〜11月30日には年8・0％もの金利がついており、半年複利だったため10年足らずで預金は倍以上になったりしていたのである。

そのため、１９６８（昭和43）年12月10日に府中で「三億円強奪事件」（金融機関の現金輸送車に積まれた約3億円の現金が、白バイ警察官に扮した男に奪われた事件）が起きたあとも、よく「この犯人は、利子だけで一生遊んで暮らせるね」などといわれていた。これについては、1975（昭和50）年にエコノミック・アニマルズが出した『消えた三億円』（エコノミック・アニマルズ作詞・作曲）という曲の中でも「**銀行に預けて年利七分で七年ほっときゃ二億も利子がつく／利子を又又銀行に入れときゃ利子が利子生みリシリシリシリシ／マゴもヒマゴもマゴマゴしないですむような利子がつく**」と歌われている。

　昭和期はそれが常識となっていたため、バブルが弾けた直後の人気サラ金漫画でも、銀行のスーパーMMC金利が3％台と聞いて登場人物が呆れ返る、などという場面が描かれたりしていた。平成ひと桁の頃でさえ、現在のような低金利になるということは、誰一人想像がつかなかったのである。

1ドルが360円固定相場制だった

1971（昭和46）年に円の対米為替レートが308円に切り上げられ、翌々年には完全な変動相場制へ移行しているが、それまではずっと1ドル＝360円の固定相場制となっていた。

　小学校でも、低学年だと先生が子供たちに「1ドルって何円でしょう？」なんて質問をして、

「360円！」と答えた生徒には、「はい正解、よく知ってるね」といって褒めたりしていた。

また、熱海や函館の夜景もしばしば「百万ドルの夜景」といわれており、それをみた人はよく「3億6千万の（価値のある）夜景か。すげぇな」なんて話したりしていた。

これだけ円が安かっただけに、もちろん当時、海外旅行などは一部の金持ちを除けば夢のまた夢だった。昭和中期から日曜の夜7時にテレビで放映されていた『アップダウンクイズ』（1963〈昭和38〉年〜1985〈昭和60〉年：TBS、一部NET系列）という視聴者参加型の人気クイズ番組があったが、そこでも司会者は最初に必ず「（10問正解して）夢のハワイへ行きましょう！」といったりしていたのである。だが、これも円高が進み、やがて新婚旅行などでもハワイへ行くのが一般的になり始めると、「さぁ、ハワイに行きましょう」というだけになっていったのだった。

消費税がなかった

1989（昭和64／平成元）年に導入される前は、「支払いが1円単位になる？　嘘だろ!?」「本当にやんのかよ」「信じられん」なんて声も多く聞かれた。それまでは1円硬貨なんて使うことはほとんどなかったので、財布にあってもだいたいは邪魔物扱いされており、「あっても仕方ない」ということから、ビンなどに入れていっぱいに溜まると銀行で両替してもらう人も時々いたりした。

制度が3％でスタートした時は、「そんな余計なもの取られんのかよ」などとみなブツクサいっていたが、やがて5％になり、10％になると感覚がマヒしてきたのか、逆に不満の声はあまり聞かれなくなった。これも将来ますます上がって行くのは必至で、全員同率で払うとなれば、貧困世帯は今後さらに追い詰められていくことになるのであろう。

「おたく」が超マイノリティだった

今でこそ「おたく趣味」はひとつの文化として認められ、おたくそのものもかなりの人口となっているが、昭和の時代は超マイノリティだった。

学校の隅で、いかにもモテなそうな冴えないメガネをかけた生徒が3～4人で鉄道やアニメ、声優、SFの話などをしている風景は当時もみられたが、誰からも相手にされておらず、そうした人間が注目されることはまずなかった。

1983（昭和58）年には、当時のコミケ（コミック・マーケット＝毎年夏・冬に開かれているおたく向け同人誌販売イベント）についても、評論家の中森明夫は「普段はクラスの片隅でさ、目立たなく暗い目をして、友達の一人もいない、そんな奴らが、どこからわいてきたんだろうって首をひねるぐらいにゾロゾロゾロゾロ1万人！」（白夜書房『漫画ブリッコ』1983年6月号）などと記している。

なお、この時中森氏が命名した「おたく」という言葉が広く知られるようになったのは、1988（昭和63）年から翌年にかけて発生した「東京・埼玉連続幼女誘拐殺人事件」の際に、犯人の宮﨑勤（2008年に死刑執行）の趣味が報じられるとともに、約6000本のビデオで埋まった部屋の映像が流れて以降のことだった。

やがてバブルが崩壊し長い不況が始まると、いい年しても結婚もせず、趣味に金と時間を注ぎ込むことを惜しまないそうした人種は、大手広告代理店や各大手企業から俄然注目されるようになっていく。「金のなる木」であるおたくは、やがては各所で盛んに持て囃されるようになり、逆にメジャー化さえしていくことになったのだった。前述のコミケの入場者も年々増え、近年では約75万人（コロナ禍直前の2019年冬 ※4日間合計での最高記録）にまで達している。

現在は社会全体での共通文化が失われ、趣味嗜好の細分化・タコツボ化も一段と進んでいる。ネット中心で人々が繋がるようになり、独身者も激増しているだけに、こうした動きにはおそらく今後もますます拍車がかかる一方となっていくのであろう。

切手収集が「趣味の王様」だった

東京オリンピック（1964〈昭和39〉年）頃

から昭和40年代の末頃まで、切手収集は「趣味の王様」とも呼ばれており、極めてメジャーな趣味であった。話題の記念切手の発売される日などは、各郵便局の前にも長蛇の列ができていたりしたのである。

子供たちにとって最大の憧れは「切手趣味週間シリーズ」の「月に雁」（1949年発行）と「見返り美人」（1948年発行）だった。ほか、「国際文通週間」の「蒲原」（1960年発行　※歌川広重の「東海道五十三次」中の浮世絵）もかなり人気があった。

友人の家でコレクションをみせてもらうこともよくあり、また右記のような高額な切手や、「犬山こども博」（1946年発行）などのシブい切手を持っている大学生のお兄さんは、近所の子供たちからも尊敬されたりしていた。

関心が集まったのはやはりどれくらい値打ちがあるかで、「切手シートの耳（余白部分）の中で『大蔵省印刷局製造』という文字が刷り込まれているのは各1枚しかないため、これが付いた切手は高値になる」ともいわれた（実際は単なる噂に過ぎなかったらしい）。

少年漫画雑誌にも「〇〇スタンプ社」などの切手販売広告は毎週掲載されていたし、そうした切手商の店頭やデパートの切手売り場は、どこも子供たちでいっぱいだった。

ただし、当時の記念切手は結構図案がいい加減で、描かれている内容には時おり間違いもあった。特に1962（昭和37）年発行の「北陸トンネル開通記念」切手などは、「パンタグラフがない」

「側壁にあるはずの電燈が天井に付いている」「実際にはない枕木が描かれている」など史上最多の7か所もの間違いがあったことで知られている。

それでも情報の少なかった時代なので、子供たちは切手の図柄から決まったイメージを刷り込まれてしまうことは非常に多かった。筆者にしても、「山陰海岸国定公園」の切手をみて以降、鳥取の人たちはみんな砂丘で傘踊りをやっていると思い込んでいたし、「佐渡弥彦国定公園」の切手をみたあとでは、あのあたりの人は、岩だらけの場所でいつも佐渡おけさを踊っているなどと信じたりしていたのである。

やがて1972（昭和47）年になると沖縄返還が実現し、琉球切手がブームにもなった。特に「守礼門復元記念」切手（1958年発行）などは投機の対象にもなり、値段がグングン上がったりした（以前には「東海道新幹線開通記念」切手でも同様の事態が発生した）。しかし、これは一部「仕掛け人」らによって造り出された実態のないブームであったため、日本郵趣協会は『郵趣』誌上で「異常な琉球切手投機に警告する」との声明を発表し、業界内の健全化を図っていくことになった。翌1973（昭和48）年に、『切手でもうける本』の出版元でもあった切手経済社が破綻するとブームは沈静化、やがては他の切手も次第に投機対象とはみられなくなっていった。

なお、この時大儲けした某商社の社長は、のちに税金逃れのため神奈川県川崎市高津区の竹やぶに1億4500万円と9000万円が入ったバッグを放置し、1989（昭和64／平成元）年4月

11日にそれが発見されたことで大ニュースになったりしていた。しかし、この時には所有権を放棄したくなかったためか、同社長は「捨てたのではなく、心を込めて置いたのです」とかヘンなこともいっていた。

あれから約半世紀が過ぎ、今ではかつて高額だった切手も嘘のように安くなっているし、売り場でも子供の姿はほとんどみられなくなった。それでも、当時少年だった人々の中には、古びた切手帳にある、懐かしい切手の数々を今なお宝物としている人が少なくないようである。

裁判の傍聴がメチャクチャに面白かった

裁判員制度が導入される少し前くらいから、「傍聴ブーム」が起きて、傍聴記なども盛んに出版されるようになったが、かつては有名な事件以外、傍聴席はガラガラだった。ただ、「個人情報保護」などという概念もなく、もちろん衝立もなかったので、今とは比べものにならないほど裁判は迫力満点で見ごたえがあった。

筆者も40年以上前から傍聴を続けているが、中には加害者、被害者、それぞれの家族、友人、目撃者などの証言がまったく食い違っていて、なおかつ誰もウソをついているようにも思えないという、芥川龍之介『藪の中』を地で行くような事件もあった。閉廷後、検事の1人が「こりゃ、面白くなってきたぞ」なんて不謹慎なことをポロッといったりしていたが、筆者もその時はまったく同感で、「これだから傍聴は止められない」などと思ったものだった。

また昭和の頃は、被害者・加害者の住所氏名、現場の所在地も全部公開されていて、レイプ裁判などでは被害者と加害者が向き合って直接対決する姿もしばしばみられた。ちなみに、昭和の時代、性犯罪の量刑はとんでもなく軽かった。100名単位で女性を暴行しても懲役10〜15年レベルのことが多く、それでもマスコミでは「殺人犯並みの厳罰がくだった」などと報じられたりもしていた。

強姦罪（現・不同意性交罪）の場合でも執行猶予が付くことがしばしばあり、あの8人の女性を連続で殺害した強姦魔・大久保清（1976年に死刑執行）でさえ、初めて女子高生を強姦した際には、「成人直後で初犯」との理由からムショ行きを免れている（懲役1年6か月・執行猶予3年）のである。

男たちがやたらと臭かった ⚠

電車に乗ったりすると分かったが、当時はやたらと男が臭かった。加齢臭やワキガ、汗の臭いだけでなく、スーツやコートからはナフタリンやパラゾール臭がしたたし、口臭予防のため仁丹を嚙んでいる人も多かったので息もその臭いがしたりした。

ただ、何といってもひどかったのは、ポマード・ヘアリキッド・トニック等整髪料の臭いだった。資生堂の「MG5」や、ライオン歯磨の「バイタリス」に続いて1970（昭和45）年にチックの老舗である丹頂株式会社が「マンダム」シリーズで、アメリカの俳優チャールズ・ブロンソンをCMに起用するとこれが大ヒット。「ウ～ン、マンダム」は大流行語にもなり、丹頂株式会社は翌年社名をそれに合わせて「マンダム」へと変更することにもなった。

その後もカネボウ化粧品が「バルカン」や「エロイカ」、資生堂では「ブラバス」などを発売するが、「ブラバス」のヘアトニックやアフターシャワーコロンの柑橘系の香りなどは爽やかだったものの、それ以外の男性向け整髪化粧品等はやたら強烈な臭いがした。しかし、当時の男の多くは、「フェロモンみたいなモンで、この臭いに誘われて女が寄ってくる」と本気で信じていたのである。

また、ヘアトニックには育毛効果があって（一部には、実際効果が期待される商品も存在）、ハゲでも頑張って付けていれば毛が生えてくるなどと考えていた人も少なくなかったのだ。

しかし、1980年代に入ると、ワザとらしく匂わせているのはオヤジくさい、ということになって次第に香料の強いものは敬遠され、無臭や微香の商品に変わっていった。

今は電車に乗っても、ヘンな臭いがするということはほとんどなくなっている。ふり返ってみれば、あれは昭和40年代〜50年代頃特有の現象だったということにもなるのだろう。

建築の際には、「できるだけアスベストを使おう」といわれていた

かつて石綿（アスベスト）は、「奇跡の鉱物」「燃えない建材」とされ、建築の際に盛んに使用されていた。

昭和世代で「石綿」といえば、すぐに頭に浮かぶのは理科の実験であろう。小学校〜中学校時代に、ビーカーを「石綿金網」の上に載せ、下からアルコールランプで熱した経験は、ほぼすべての人が持っているはずである（現在は石綿ではなく、セラミックを使用）。筆者も小学生の頃、布のようなのに燃えないのが不思議でならず、実験中に担任教諭に質問したことがあった。すると、その時の担任は「これは石綿といって、普通の布みたいにみえても実は石なんだ。世の中がみんなこれになったら火事がなくなるね」などと答えていた。

実際、石綿は値段が安いうえに、耐火性、断熱性、防音性、絶縁性などに優れ、長く伸びて加工もしやすく、摩擦にも強い。いいことずくめの性質を持っているようにしか思われておらず、高度成長期頃にはビルでもガンガン使用されていたし、消防士の耐火服などにも用いられていたのである。

だが、目に見えないほどの細い繊維の集まりであったため、建築物解体時などには飛散したり空

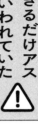

気中を漂いやすかったりで、これが人間の肺に入り込むと肺ガンや悪性中皮腫などを発症することも次第に明らかとなってきた。さらに厄介なことに、これは潜伏期が非常に長く、吸入してから平均40年前後で発病したりするのである。

日本では１９８７（昭和62）年に吹きつけアスベストの危険が大きく報道され、文部省（当時）は全国的な実態調査を実施、撤去に対して補助金を出すなどの対策を行っている（この時配布された「吹きつけ石綿の判定方法」はのちに不完全なものであったことが判明している）。

今も学校を初め各地で盛んに除去工事が行われているが、あのまま誰も知らずにいたら……と考えると、これも何だか結構怖い話である。

東京で「ゴミ戦争」が起きたりしていた

昭和40年代頃までは印刷物等も少なく、食料品も近くの小売店で簡易包装してもらうだけだったり、ソースや醬油、豆腐などもビンやナベ持参で買ったりしていたので、ゴミはそれほど出なかった。ちょっとしたゴミは、自宅前で空の石油缶を使って燃やしていたし、生ゴミは庭や空き地に埋めたりする家庭も多かったのである。

昭和中期までの生ゴミはリヤカーで回収したりしていたが、業者がベルを鳴らすだけで何曜日の何時に来るかは誰にも分からなかった。しかし、専業主婦がほとんどであったため、それほど困っている人はいなかったとも伝えられている。また、夏は生ゴミがすぐ腐ってしまうため、回収の際に捨てそこなった主婦はよく近くの川に行って、橋の上からそれを投げ捨てたりしていた。しかし、前述（※P25）の通りその頃の人は川をゴミ捨て場の一種と考えていたため、特に非難する人はいなかった。

なお、家庭から出るゴミ自体はまだ少なくても、昭和中期頃はそのまま埋め立て地に運んだりしていたため、高度成長期にはゴミの総量が爆発的に増え、一時は大きな社会問題になったりもしていた。1965（昭和40）年7月16日には江東区「夢の島」にあった高さ約20メートル・幅約270メートルに及ぶ生ゴミの断崖から大量のハエが発生し江東区南西部を中心とした広い地域を襲ったため、警察・消防・自衛隊らが全体を焼き払う「夢の島焦土作戦」を実行している。

また、1971（昭和46）年9月には、ゴミの増大に危機感を強めた美濃部亮吉都知事が「迫り来るゴミの危機は、都民の生活をおびやかすものである」として「ゴミ戦争」宣言をし、清掃工場と埋立処分場の建設の推進をはじめとした徹底的なゴミ対策を行うことを表明するに至った。しかし、当時は杉並区で清掃工場の建設計画への反対運動が起きており、江東区では杉並区からのゴミ搬入を阻止する事態が起きたりもしていた。

現在、生ゴミは清掃工場で焼却処分されているため、害虫・腐敗によるガス発生などの問題は最小限に抑えられており、夢の島もスポーツ施設や植物園のある緑の島となっている。加えて分別化、リサイクル化や有料化も進んだため大問題となることもなくなった。

しかし、決してすべてが解決したわけではなく、東京湾内の埋立処分場が限界を迎えつつあることなどを初めとして、ゴミ処分は都政の中で依然大きな課題となっている。普段見えないところで刻々と進んでいる事態であるだけに、今後は一人ひとりがさらに意識を高めていくことも必要なのであろう。

ナンパリゾートやナンパスポットが各地にあった ⚠

昭和の時代は肉食系の人が多く、ナンパのことしか頭にない男やらナンパ待ちの女が一定数存在した。そのため、各地に「ナンパの名所」と呼ばれる場所があったりした。

1970年代後半から1980年代にかけて有名になっていたのは、伊豆七島（新島・神津島・式根島）や清里（山梨県）、与論島（鹿児島県）などだったが、特に凄かったのは新島で、ひと夏に約10万人もの若者が押し寄せ、「性の楽園」「処女捨て島」なんて異名まであった。島内にはディスコやビヤガーデンもあり、女の子は「歩いていれば、1分に1回は声を掛けられる」といわれ、その奪い合いによるケンカも絶えなかったようである。また、「民宿で乱交が行われていた」とか、「夜明けの浜辺は捨てられた避妊具だらけだった」なんて話もよく聞かれた。1986（昭和61）年には、あの田代まさし（！）が『新島の伝説』（秋元康作詞・鈴木雅之作曲）という曲を出しており、そこでは「**新島に行けば〝DEKIRU〟そう信じてた**（中略）［セリフ］**僕の他にも〝兄弟〟がいるんじゃないかなと思って**（中略）**新島に行って〝OTONA〟になりたかった**」と歌われている。実際に当時行った知人に聞いたところ、「たしかに若者だらけ、ナンパだらけだったけど。ただ、普段からナンパに慣れてるような奴じゃなきゃ、あいうとこに行ったって結局はダメなんだよ」と話していた。

神津島も同様の状況で、中心部にある渚橋は「ナンパ橋」と呼ばれ、警備に当たっていた警察官も無線で「ただいまナンパ橋……」などと連絡していたそうである。筆者は2000年頃に式根島の海沿いの露天風呂に入っていた時、地元の中年男に当時の話を聞いたことがあったが、当人は「あの頃はイイ思いしたなあ。もう入れ食い状態でさ」などと自慢気に語っていた。

今は清里も寂れ、与論島も伊豆七島も嘘のように静かになっていて、海辺にいるのも家族連ればかりである。1990年代後半以降はナンパ文化自体が廃れてしまっており、現在の若者の多くは、異性を求めてギラギラしているのはみっともない、との感覚を持っているようだ。

若年男性の「草食化」が話題になってから久しいが（2022年版「男女共同参画白書」では、「20代独身男性の約4割がデート経験なし」と回答）、ある意味マトモになっている一方で、やはりこれは未婚・晩婚化、ひいては少子化の一因にもなっているのだろう。1980年代に盛んにいわれた「恋愛至上主義」もどうかという感じであったが、若い時なら、ついつい、異性のことばかり考えてしまうくらいで、ちょうどよいようにも思える。今はかつての反動からか、むしろ逆方向に振れ過ぎている時代であるのかもしれない。

駅前にエロなビデオ屋がたくさんあった

1980年代前半頃からはビデオデッキが普及し始め、どこの駅前でも雨後のタケノコのようにレンタルビデオ店がオープンしていた。その頃のレンタル料金は1泊2日で定価の1割（1000円～1500円くらい）が基本だったため、店はどこもボロ儲け状態であった。

ごく普通のレンタルビデオ店でも、奥にはカーテンがかかっていて、その向こうがアダルトコーナーになっていたりした。また、そちらの売り上げの方が中心になっているような店も多かったため、店側もそれを意識して若い女性店員などはあまり採用しない傾向があった。

当時は、まだバーコードがさほど普及していなかったため、貸し出し記録はたいてい店員がコクヨのノートに手書きで行っていた。その頃アダルト系ビデオを借りた人の中には、目の前で、「貸出日○月○日　返却予定日○月○日　会員ナンバー：○○○○　お名前：○野○男　タイトル：

『○○しちゃっていいのよ』などと書かれて、死ぬほど情けない思いをした」との思い出を語っている者が少なくない。

80年代後半になると、デッキもビデオソフトも極端に値下がりし、ビデオショップはさらに大賑わいとなった。当時はダビングのサービスを行っている店も多く、また海賊版も普通に貸し出されたりしていた。得意客にはこっそり裏ビデオを貸し出す店も多く、警察のガサ入れを受けて閉店に追い込まれたりすることもよくあったが、またすぐに別の店名になって近くでオープンしたりするため、ほぼイタチごっこ状態であった。

⚠ エロ本の自動販売機が至るところにあった

ネットも何もなかった時代、エロ本は普通に町の書店で販売されていた（昭和後期になると、神田・芳賀書店のような専門店も営業を開始していた）。だが、それとは別にエロ本の自動販売機も各所に設置されており、「書店で買うのは恥ずかしい」「買おうとしても、断られる可能性がある」「もし買っているところを知り合いの誰かにみられたら、学校や近所で笑い者にされる」等々考え込んで悶々としていた男子中高生たちは、夜更けになるとそこまで買いに行ったりしていた。自販機は街なかだけでなく、なぜか畑のそばの暗い道などにポツンと設置されていることもあった。

ただし昭和中期までのエロ本はモデルの質が今イチで、表紙はさておき、中身は30代半ばの得体のしれない女のセーラー服エロ写真、といったゲテモノであることが少なくなかった。そのため、どうしても質のよい本が欲しかったり、ある程度内容をチェックしてから決めたい、という男子は、電車に乗って遠くの街まで買いに出かけたりしていた。

購入した本は、親にバレないよう参考書のカバーなどを付けて、押入れの奥にしまったりすることもよくあった。「そういう本を他人にみせるのは、せいぜい親友が部屋に遊びに来た時くらいだった」と語っている人も多い。昭和オヤジにとっては、今となれば恥ずかしくも笑える、青春の思い出であろう。

第2章　学校——カオスな、もうひとつの小社会

小学校の校門そばに、怪しげな業者がよく立っていた ⚠

かつての学校はセキュリティもヘチマもなかったので（※P90）、下校時刻頃になると校門のそばや、時には門の内側まで入ったあたりに、よく怪しげな物売りが立っていたりした。売っていたのは日光写真や、スーパーボール、水飲み鳥、ポンポン船などのオモチャが多く、子供たちがそれを取り囲んでワイワイいっている光景もよくみられた。

とはいえ、学校にお金を持ってきている子はほとんどいなかったため、どこでもさほど商売にはなっていない様子で、それでもメゲずに次から次へと業者がやってくるのはちょっと不思議でもあった。「おじさん、まだしばらくここにいるから、

買いたかったら家に帰ってお金取っといで」といわれて帰宅し、そこで母親に小遣いをせびる子もいたが、だいたいは「アンタ、クダらないもの買うんじゃないよ！」と怒られてオシマイであった。

キリスト教関係や、通信教育の勧誘のチラシを渡されるケースもあったが、こうしたものも家に持って帰ると母親はすぐゴミ箱に捨てたり、ハサミで切って裏をメモ用紙代わりにしたりしていた。最大の謎は、学校側もある程度これらの業者の存在を把握しながら放置していたことなのだが、しかしこれも結局は、「あんなのほっとけ、ほっとけ」という昭和期特有のいい加減さによるものだったといえるのかもしれない。

小学生の男の子がみな「ピンポンダッシュ」をやっていた

学校帰りには、家の呼び鈴を押してダッシュで逃げるという、いわゆる「ピンポンダッシュ」が流行っていた。当時は専業主婦が大半のうえ、テレビモニターもドアスコープも普及していなかったので、呼び鈴を押すとだいたい「どなた～？」という声が中から聞こえてきて、それでも返事がないと主婦がドアを開け、通りまで出てきて「おかしいわねぇ」なんていいながらあたりを見回したりしていた。それを電柱や塀の陰から観察するのが、子供たちの間で下校の際の楽しみとなっていたのである。

このイタズラは、帰り道の途中にある家で適当に行うことが多かったが、クラスで好きな女の子を告白し合ったあと、その家を順繰りに回って実行することもあった。そんな時は、みなで出てきた母親を陰で観察しながら「〇〇子（好きな女の子の名前）も、あと25年くらい経つとあんな顔になるのかー」などといい合ったりしていた。

男子たちがよく好きな女子の家をみにいっていた

ピンポンダッシュに限らず、男の子たちが好きな女の子の家をみにいくのは、当時ごくごく当たり前の行動であった。その頃は個人情報ナンタラがうるさい今と違って、両親の名前・住所・電話番号が全部記載されているクラス名簿が必ず配布されていたので、町内地図があれば調べるのはカンタンだったのである。

休日に何人か集まれば、「〇〇子の家、みにいこうぜ」となることも多く、別段深い考えもなしにみな揃って出かけたりもしていた。実際みにいったところで、大概は「これがそうかあ」となるだけで終わりだったのだが、たまに深窓の令嬢みたいな雰囲気の子がボロボロのあばら家みたいなところに住んでいたり、逆に普段まったく目立たない地味な子が豪邸に住んでいたりで、「分からないもんだな」とかいい合ったりすることもあった。

中学・高校に進んでも、やはり気になる子ができると、その家を訪ねて行くのは結構定番だった。漫画作品でも、『good girl』（1980〈昭和55〉年～1983〈昭和58〉年：講談社『ヤングマガジン』連載・柳沢きみお作・画）の中で、主人公が友人と夜中に片思いの子の家をみにいく場面が出てきたりしているし、『さくらの唄』（1990〈平成2〉年～1991〈平成3〉年：講談社『ヤングマガジン』連載・安達哲作・画）でも、やはり主人公が片思いの女の子の家を夜みにいったら、門の前で本人とバッタリ出くわしてしまい、「やだあ　なにしてんのようあんた」といわれるシーンが描かれたりしている。

今の若者であれば、よほど親しくならなければ自宅の所在地自体が掴めないし、偶然知ったとしても、みつかってストーカー扱いされる恐怖が先に立ったりして、実行など思いもよらないのであろう。

「長」になるのは男、「副」になるのは女と決まっていた

現在は男女平等の観点からもありえなくなってしまったが、昭和の頃の共学の小学校では「級長は男」「副級長は女」とほぼ決まっていた。中学・高校も同様で、生徒会でも「生徒会長は男」「副会長は女」で決まっていたりしたのである。

長のつく仕事を行うのは男で、女はそれを支える役割、アシスタントであるという考え方が一般化

しており、疑問に思う人はまずいなかった。

　筆者も中学の頃父親に、「何でそうなんだろうね」「違うところってないのかね」と尋ねたことがあったのだが、「女が一番上じゃ、誰もいうこと聞かなくなるに決まってるじゃないか」といわれ、その時はただ「そうか」と思っただけだった。今の時代であれば、「なぜそれで納得するんだ」というツッコミが入りそうな話である。

給食が激マズだった

　小麦が余っていた時代、給食の主食は食パンかソフト麺でご飯は出なかった。ご飯が正式導入されたのは１９７６（昭和51）年からで、それからは献立もかなり良くなったが、一方で「牛乳と合わない」といった問題も生じていた。

　なお、パン食だった頃は、魚介類などパンに合わないおかずも多く、組み合わせは支離滅裂だった。昭和40年代前半まで牛乳の代わりに出されていた脱脂粉乳も臭かったために子供たちからはひどく嫌われており、給食は「激マズ」の代名詞みたいになっていた。しかし、当時は給食を残すことは「悪」とされており、それをキツく叱る教師も多かった。トーストされていない食パンもあまり美味しくなかったため、食べるフリをして机の中に押し込んだりする子もよくいて、それが後日青カビだらけになって発見されたりすることもあった。

給食はだいたい班になって食べるのだが、厳しいクラスだと江戸時代の五人組みたいな制度になっていて、「1人でも残す人間がいたら昼休みなし」にされたりした。偏食のひどい子は泣きながら長時間かけて食べたりしていたが、その後では「テメェのせいで休み時間なくなったじゃねぇか」といわれてイジメられたりしていた（今なら大問題になること必至であろう）。

風邪などで学校を休んだ日は、「やれやれ、今日は給食食べないで済むぞ」とか思ったりもしたのだが、その頃は休んでいる子の家の近くに住んでいる同級生がパンを届けに行くこともあって、結局は夕食時にはまずいパンを食べさせられたりした。

現在は「食育」という観点から、地元の名産品や外国のメニューなども出されるようになり、給食はビックリするほど美味しくなっているようだ。筆者も、近年あるテレビ番組で小学校の給食時間が映し出され、アナウンサーが「給食が好きな人！」と聞いて、全員が「ハーイ！」といって手を上げているのをみた時は、あの頃とは恐ろしいほどの違いだと思ったものだった。

学校のセキュリティがユルユルだった

昭和の学校は誰でも気軽に入れる感じがあって、前述のような怪しげな業者も時には校内まで入ってきていたし、特に放課後は他校の生徒が勝手に入って遊んでいたり、近所の人が犬の散歩をさせていたり、といったことも普通にみられた。

漫画『大東京ビンボー生活マニュアル』（1986〈昭和61〉年～1989〈昭和64／平成元〉年：講談社『モーニング』連載、前川つかさ作・画）では、ビンボーな人たちが夏の夜に近くの学校のプールに勝手に忍び込んで泳いだり、プールサイドでビールを飲んだりする場面が描かれているが、これもあの頃ならではの話ということになろうか。実は、筆者も若くてビンボーだった頃には、銭湯代節約のため、夏になると時々近くの小・中学校のプールに侵入して泳いだりシャワーを浴びたりしていた。当時はみつかったとしても、笑い話で済むような雰囲気があったので、結構軽い気分でやっていたのである。

しかし、だんだんと世の中が変わり、特に2001（平成13）年6月8日に、大阪教育大学附属池田小学校（大阪府池田市）に侵入した男が、出刃包丁で児童8人を刺し殺し、児童・教職員15人に重軽傷を負わせるという事件が起きてからは、急激にセキュリティの強化が図られるようになった。今なら無関係の人間が校庭に勝手に入れば警察に通報されるのだろうし、夜中にプールに入ったりでもすれば、すぐにアラームが鳴って警備会社の社員が駆けつけたりもするだろう。やけに開かれていて、のんびりしたムードのあった、あの昭和期の校庭もはるか遠い昔の風景になってしまったようである。

「学校の怪談」が子供たちの間で人気となっていた ⚠

1979（昭和54）年頃からは、オカルトブームと相まって「学校の怪談」も大流行した。その中でも代表的なものは、「口裂け女」「トイレの花子さん」「赤い紙、青い紙」「人面犬」等であった。

「口裂け女」は1978（昭和53）年末から翌年にかけて広まったが、口元を完全に隠すほどのマスクをした若い女性が、学校帰りの子供に「私、きれい？」と尋ねるとされていた。きれいだと答えると、「これでも？」と言いながらマスクを外し、耳元まで大きく裂けた口をみせるという。なお、この時にきれいじゃないと答えると包丁やハサミで切り殺されるといわれ、そのほか「赤いコートを着ている」「100メートルを6秒で走る」「ポマードが嫌い」「べっこう飴をあげると見逃してくれる」など各地でさまざまな話も伝えられていた。

「トイレの花子さん」は、1980（昭和55）年頃に大流行した怪談で、誰もいないはずの学校のトイレで、ある方法を使って呼びかけると「花子さん」から返事があるというもの。花子さんは一般に、赤い吊りスカートをはいた、おかっぱ頭の女の子とされている。

「赤い紙、青い紙」については、夕方の学校で少年がトイレで用を済ませたあと紙がなくて困っていると、どこからともなく、「赤い紙が欲しいか？　青い紙が欲しいか？」と声が聞こえてきて、「赤い紙」と答えたら、身体中から血が噴き出して死んでしまった。また、別の生徒が同じ状況になった際に「青い紙」と答えたら、身体中の血液を全て抜き取られ真っ青になって死んだという話になっていた。

そのほかにも、学校にある二宮金次郎像が、夜中になると背負っている薪を置いて校庭をランニングしているといったどこかユーモラスな話や、理科室の人体模型が動く、音楽室にある作曲家の肖像画の表情が変わる等のお決まりの怪談もよく話題となっていた。

常光徹の『学校の怪談』（1993〈平成5〉年：ミネルヴァ書房）等によれば、こうした怪談には昭和初期以前や、古いものでは江戸期頃からの系譜に連なるものも多いそうである。

学校の話からは外れるが、そういえば昭和の頃には「タクシーに乗る女幽霊」の話もほぼ定番化していた。雨の夜、タクシーの運転手が手を挙げる女をみつけて乗せると「○○墓地まで」と頼まれる。到着したところで「お客さん、着きましたよ」といってふり返ると、そこにはもう誰もいな

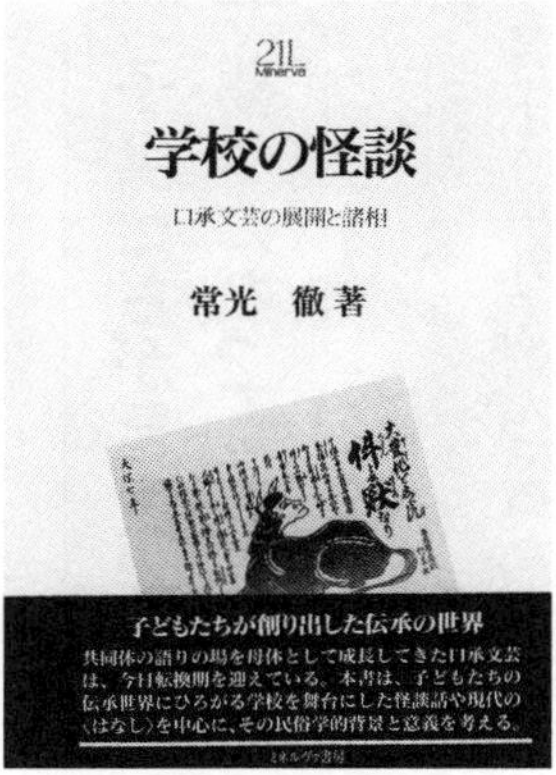

くて座席だけがグッショリ濡れていた、という話になっていたが、なぜか平成以降はサッパリ耳にすることはなくなった。どうやら、幽霊の行動にもやはり流行り廃りがあって、時代による変化が激しいようである。

学校の怪談でも、汲み取り式便所の頃はよく「便器の穴から手が出てきて尻を撫でられる」といわれていたが、洋式水洗トイレが当たり前となってからというもの、さすがにこの類の話は聞かれなくなった。現在は学校のトイレ自体が明るく清潔になってきているので、花子さんたちもさすがにもう出づらくなっているかもしれない。

⚠ 子供たちが昆虫採集に夢中になっていた

昭和期は今ほど夏も暑くなかったので、子供たちは1日中外で遊んでいた。ちなみに、約40年前の1983（昭和58）年では東京の7月平均最高気温は27・1℃、猛暑日はゼロ。2023（令和5）年は平均最高気温33・9℃で、猛暑日は13日となっている（気象庁データによる）。

東京23区内でも、都心部を除けばまだ自然が残っていて、午前中からセミ捕りなどの昆虫採集に出かける子供はかなり多かった。人気だったのはやはり、カブトムシやクワガタで、捕まえてきたカブトムシのツノに糸でミニチュアの車を結んで引かせる遊びも流行った。そのほか、「昆虫イジメ」をする子もよくいて、トンボの羽をむしったり、アリの巣を爆竹で破壊したり、水を張った洗面器にアリを入れて泳がせたりなど、残酷なこともしていた。

なお、昭和期は昆虫標本制作が「夏休みの自由研究」の定番にもなっていて、よくおもちゃ屋やデパートでも「昆虫標本制作セット」が売られていた。しかし、それも虫を殺して保存するための注射器や薬剤も入っていたりで、今考えてみるとかなりヤバいシロモノだった。

今は教育現場でも生命尊重の考え方がなされていて、昆虫標本などを提出する話もすっかり聞かれなくなっている。また、子供たちも幼少の頃から親しんでいないせいか、昆虫を気持ち悪がったり、嫌ったりする子が増えていると聞く。昭和世代はいつも昆虫を指にとまらせたりしていて、「小さな友だち」みたいに思ったりもしていたが、そうしたイメージも今ではだいぶん変わってきているようだ。

教室にダルマ(石炭)ストーブがあった

昭和40年代までは、都内でもだいたいの小・中学校にはダルマ（石炭）ストーブが置かれてあった。火を点けるのも生徒たちで、学校では「ストーブ当番」が決められていて、小学校では高学年の生徒が低学年の生徒の教室のストーブ点火も担当したりしていた。

まず新聞紙に火を点けて放り込み、そこに薪をパラパラ入れて、それが燃え出したところでコークスを入れるのだが、これがやってみると結構面白かったりした。薪やコークスは多少教室にも備蓄されてあったが、それが減ったり無くなってきたりすると、当番が用務員のおじさんのところまで取りに行ったりしていた。

ストーブの上にはたいてい水を張った大きな金属のタライが置かれ、それが沸いてくると、よく生徒は給食の牛乳を入れて温めたりしていた。また、中には直接ストーブにパンを置いて焼く生徒などもいたりした。今考えてみると、結構生徒にまかせて放ったらかしだったのだが、当時は安全管理がどうのこうのなんていう人はどこにもいなかったのである。

理科の時間にはよくカエルの解剖が行われていた

かつては、小学校高学年から中学校の理科の授業で、カエルの解剖実験がよく行われていた。また、学校によってはフナやコイを解剖するところもあった。カエルがよく用いられたのは、内臓の配置が人間と似ていて観察しやすかったことや、陸にすむ脊椎《せきつい》動物の中で尻尾がないという人間とカエルのみ共通する特徴があって、人体の構造を考える上での参考になったためとされる。

しかし、現在は視聴覚教材でも代替できることや、生命尊重教育に反することなどから次第に行われなくなっている。近年ではイカがこれに代わって登場しているが、これは2010年代の教科書で「無脊椎生物」の項目が復活していることや、すでに死んだ状態で提供されるうえに、食材としてもよく使われていて残酷なイメージがないことなどが理由となっているようだ。

自然がまだ多く残っていた頃は、都内近郊でも先生がカエルを捕まえてきたり、生徒に捕まえてくるよう命じていたケースがたまにあった。昭和世代でも、今になってみると「よくあんなこと、やってたなあ」と思う人が少なくないようである。

パンチラやスカートめくりが流行していた ⚠

小学生の間でもミニスカートが定着してきた直後の1969（昭和44）年、猛スピードで走る車の風にあおられ小川ローザのミニスカートがまくれあがり、彼女が「Oh！モーレツ」と叫ぶ丸善石油ハイオクガソリンのCMは今や伝説となっている。当時はこのセリフそのものも流行っていたが、それに加えて漫画『ハレンチ学園』（1968〈昭和43〉年〜1972〈昭和47〉年：集英社『週刊少年ジャンプ』連載、永井豪作・画）で同年「モーレツごっこ」が描かれると、それとともに

「スカートめくり」が子供の間では大流行した。

しかし、小学生ではまだ性にも目覚めていないうえ、その頃の女子小学生などみんな漫画『サザエさん』（長谷川町子作・画）のワカメちゃんよろしく、普段からパンツをみせまくっていたりするので、エロ目的でそんなことをしている男子はまずいなかった。大半の男子生徒は、あんな布切れなんかみて何になるんだと思いながらも、女子がキャーキャー嫌がるので、それを面白がってやっていただけなのである。

男が下着を違う目で見始めて、変に意識するようになるのはだいたい中学2年くらいからで、そうなると逆にスカートめくりなどは到底できなくなったりしていた。

それにしても昭和は、本当にテレビも雑誌もパンチラだらけの時代だった。テレビ番組からCM、雑誌グラビアから漫画までひたすらチラリシーンのオンパレードで、それ以外にもボウリング、ゴルフなど「見えそうで見えない」「たまに見える」シーンをウリにしている番組も多かった。漫画では、『ホールインワン』（1977〈昭和52〉年〜1979〈昭和54〉年：集英社『週刊少年ジャンプ』連載、鏡丈二作・金井たつお画）が「パンチラ漫画の金字塔」と呼ばれており、以後は同様の描写でサービスカットを加える作家も激増していった。

だが、平成後半あたりからは次第に「覗き・悪・犯罪」のイメージが定着していったこともあって、いずれのメディアにおいてもパンチラシーンは激減していく。そういえば、かつてはテニスコートへ行くと、ほぼ全員が白いミニのスコートト姿でプレーをしていたが、今ではほとんどみられなくなった。少し前、筆者はコートにいた男子大学生に直接尋ねたこともあったが、その際も「今どき、そんな恥ずかしい恰好は誰もしないいんじゃないスか」との何とも冷めた調子の答えが返ってきただけだった。昔は『恋する夏の日』（1973〈昭和48〉年：山上路夫作詞・森田公一作曲・天地真理歌）や『好きよキャプテン』（1975〈昭和50〉年：松本隆作詞・森田公一作曲・ザ・リリーズ歌）のイメージもあって、女の子はみな白いスコート姿に憧れてテニスを始めたりしていたのだが、そんな風潮もすっかり廃れてしまったようだ。時代による人々の感覚の変化とその速さには、ただただ驚くばかりである。

どの学校にも焼却炉があってゴミはそこで処理していた

昭和～平成ひとケタまでは、大半の小・中・高校に焼却炉があって、校内で出たゴミはそこで燃やしていた。学校で2階より上の廊下には「ダスターシュート」というものがあって、掃除の後に出たゴミはそこに捨て、下に落とすことになっていた。また、大きなゴミが出た時は、箱に入れて焼却炉まで持っていき、そこで用務員のおじさんに頼んで燃やしてもらったりしていた。

際どい話になるが、筆者にはこれについて一つ印象深い出来事がある。高校2年の時、頭痛がひどくなって保健室で寝ていたことがあったのだが、その時に校内放送で各学級の女子保健委員が保健室に呼び出されていた。そして、保健担当の教諭は、私がカーテンの向こうにいるのを知らないのか、そこでいきなり「使用済み女子生理用品の一斉焼却に関する打ち合わせ」を始めたのだった。なお、この会合は最後に「●月▲日■時から焼却を行うので、○分前に××に集合。このことは絶対に口外しないように」といい渡して解散、となっていた。もちろん筆者はそんなものに興味はなかったが、「こんな身近なところでも、想像もつかないようなことが密かに進行していたりすることがあるのか」としみじみ思ったりしたものだった。

なお、1997（平成9）年には、小型焼却炉からの猛毒物質ダイオキシン類の発生が不安視されるとして、文部省（現・文部科学省）が全国の学校でのゴミ焼却を抑制・廃止するよう通知（当時の調査では、公立学校の約83％が焼却炉を使用）しており、2000（平成12）年に「ダイオキシン類対策特別措置法」が施行されて以降は焼却炉の使用は全面的に禁止されている。

女子高生が制服を着るのを嫌がっていた

1990年代からは「女子高生」がブランドとなり、休日も制服で過ごしたり、卒業しても制服を手放さない女性、学校に制服がなくても「なんちゃって制服」を着たりする女性などが激増したが、かつては真逆で、とにかく制服は女子高生から嫌われていた。そもそも当時のスカートはほぼ膝下10センチくらいで、お色気など皆無だったのである。また、「ブルセラブーム」が起きるまで、女子高生は一般に性の対象としてみられておらず、女子高生自身も自分の制服に価値があるなどとはまったく考えていなかったのだ。そのため、特に昭和の後半では管理教育の象徴としてヤリ玉に挙げられることも多く、全国各地でも「制服反対運動」などが起きたりしていた。

　今は休日に他校の学園祭などに行く女子高生をみても、ほとんどが制服姿である。聞いてみると、「制服だとモテ方が全然違う」なんて答えが返ってきたりする。「1日でも長く着ていたい」「着られなくなる時が来るのが怖い」と話す子も多く、どうやら彼女たちの間では、高校の制服を着ている間は「特権階級」との意識も存在しているようである。

体育の授業で女子がブルマを着用していた

昭和の時代、女子の体育着は冬の時期を除いてほぼブルマ（「ちょうちん」ではない密着型）と決まっていた。「オリンピック選手みたいでカッコイイ」と無邪気に喜んでいる生徒もいたが、「はみパン（裾から下着がはみ出ること）が気になる」「下着と同じ形だし、お尻もはみ出たりするから恥ずかしい」といって嫌がっている子も少なくなかった。だが、これはそうした声を無視する形で、約30年にもわたって全国どこの学校でも着用を義務付けられていたのである。

　関西大学教授の山本雄二氏は著書『ブルマーの謎〈女子の身体〉と戦後日本』（２０１６年：青弓社）や『ＮＥＷＳポストセブン』記事中で、その謎について明らかにしている。同書によれば、ブルマが全国で普及したのは１９６４（昭和39）年の東京オリンピック開催以降からで、その背景にあったのは全国の中学校で組織する「中学体育連盟（中体連）」が、体操着を男女ともにまったく新しいものへと刷新し、売り上げに応じて寄付をさせようとしたことだったそうである。もちろん、オリンピック女子バレーボール選手のブルマ姿や女子体操選手がレオタードで演技する姿に多くの日本人が「健康と美」を感じたり、現場の教師らが動きやすく伸縮性がある体操着を求めていたりしたということもあった。ただ、それが現場で長く受け入れられたのは、教育を行う側が、ブルマ姿を性的な目で見られることから生じる「恥じらい」の美や、「清純さ」をみており、それを女生徒たちにも求めていたためだったのだという。

　たしかに、筆者も中学・高校時代には、「神聖なる学び舎で、真っ昼間からこんなものを着用させていてよいのだろうか」と思ったことがしばしばあった。だが一方で、大半の男子生徒たちが好きな女の子や可愛い子のブルマ姿を楽しみにしたり、ニヤニヤしながら眺めていたのも事実だったのである。

また、男性教師たちも顔には出さなかったが、それを眼福にしているのは何となく伝わってきたりした。女子の体育を指導する男性教諭はどこか嬉しそうだったし、実際ティーン向けの女性誌には「私の学校では、男性の体育教師が『俺の考えた体操だ』といって、ブルマ姿の私たちにヘンな格好ばかりさせるので困っています」といった悩み相談が載っていたこともあった。

ちなみに、筆者の学校では体育祭の時、障害物競争で「ハシゴくぐり」というのがあったのだが、この時は女子もみんなブルマ姿で這っていくうえ、お尻の大きな子になると隙間に引っかかってなかなか抜けられなくなったりするので、男子たちはみな腹を抱えて笑うなど大喜びであった。また、普段おとなしいのにそういう時だけは、なぜか張り切って生徒と一緒にハシゴを支える役を買って出る教師もいたりした。遠くからみていると、「同志」という感じで2人の心が通じ合っているのが分かって、面白く感じられたりすることもたびたびだった。

しかし、1990年代初めに「ブルセラショップ」（着用済みのブルマやセーラー服を販売する店）が次々にオープンして問題となったほか、ブルマ大量盗難事件が起きたり、盗撮写真雑誌にブルマ姿のアップが毎回掲載されるようになると、実は、男はみんなイヤラシイ目でみていたことが白日の下に晒されてしまう。さらにはセクハラの概念が生まれると、ブルマは真っ先に批判の対象にもなり、一気に教育現場からは追放されてしまうことになったのだった。

今は体育着（ハーフパンツ）のみならず、水着も男女同一にしたり、全身を覆い隠すようなタイプのものを普及させたりする動きが出ているという。昭和期は、「男女差を明確に」「女子が男子よりも体を露出させるのは当然」と考えられていたが、ジェンダーレス概念の浸透によって、これらも今は否定される傾向が強まっているようである。

女子中・高校の学園祭や体育祭がフリーパスだった ⚠

昭和の時代は、女子中・高校の学園祭はだいたいどこでも自由に入れたし、学校によっては体育祭をみるのも自由であった。招待券が必要なのは一部のお嬢様学校だけで、入口においてもチェックなど何もなかったのである。特に男子校・女子校に通う中高生にとっては、異性と知り合う数少ない機会でもあったため、みな朝から張り切って出かけたりしていた。

女子校の場合は偏差値によって訪れる学生たちもまったく違っていて、例えば桜蔭（文京区）のような超ハイレベル校になると、やってくるのも秀才タイプの男ばかりだったし、底辺校になると類は友を呼ぶかのごとくヤンキーだらけだったりした。

一方、逆に男子校の場合となると、超進学校にヤンキーっぽい女子生徒が大量に押し掛けてくることもよくあった。以前、筆者の自宅近くにもＭという有名男子高校があったのだが、そこでも学園祭の日になると、そうした子たちがそばの公園で制服のスカートを折り、超ミニにしてから気合を入れて入場したりする姿がしばしばみられた。おそらく彼女たちは彼女たちで、将来有望そうな男子らに気に入ってもらうために必死だったのだろう。

なお、当時はPCやスマホもなく、撮影機器もハイテク化する前で、「盗撮」という言葉も普及していなかったため、女子校などもまったく警戒はしていなかった。チアリーダーの演技やテニス対抗試合も一般公開され、しかもビデオ・写真撮影自由という、盗撮マニアらにとってはまさに天国のような時代だったのである。

現在は小学校の運動会でさえ撮影禁止のところが多く、カメラやビデオで撮影などしていれば、教師がすっ飛んできたりする時代となった。近年では、警備員が多数動員されているような私立校も多いと聞く。もはや近所の学校の文化祭を気軽に覗きに行ったりすることさえ、できなくなりつつあるのは何とも残念な話である。

雑誌に「文通欄」があって女子中高生の住所が掲載されていた

パソコンもケータイもなかった頃、雑誌にはたいてい「文通欄」があって、学習雑誌でもかなりのスペースが割かれていた。当時は女子中・高生の住所はおろか、顔写真まで掲載されていることもよくあったが、それを危険だなんて思っている人はどこにもいなかった。掲載されると何通かは必ず手紙が来て、その中から一番気が合いそうな人に返事を書くのが普通だった。たまに結構可愛い子がコメント欄に「返事確実」なんて書いていたりしていたが、おそらくそうした中には膨大な量の手紙を送られて困り果てたケースもあっただろう。

当時、一度や二度くらいは文通を体験していた人も多いのだが、だいたいはやりとりを重ねるうち、どちらかが返事を出さなくなって自然消滅……という終わり方になっていたようである。また、実際に会ってみたら「全然会話が噛み合わなかった」とか、「イメージと違った」「可愛くなかった、カッコよくなかった」となってジ・エンド、という話もよく聞かれた。

文通は写真交換がひとつのピークとなっていたが、顔に自信がない男だったりすると、フラれるのを恐れて、自分に少しだけ似たカッコいい同級生の写真を送り、「これが僕です」などと書いたりすることもあった。ただ一方、女子の場合も、以前痩せていた頃の写真や、遠くに小さく写っているだけの写真を送って適当にごまかしたりするケースが少なくなかったようである。

体罰やシゴキが当たり前だった

小・中・高校での体罰は当たり前で、教師が生徒を殴る蹴るなんてことは、まったくの日常茶飯事。殴られて鼻血まみれになったり、鼓膜を破られたりする話もあるほどだった。また、かつては「連帯責任」を取らせるのも普通で、誰か1人が悪いことをすると全員が殴られたりした。

部活でもシゴキは普通で、ミスをした部員は監督に「歯を食いしばれ」といわれてよく殴られていたし、ケツバットも当たり前だった。運動部では活動中、「バテる」「根性がなくなる」との理由で水を飲むことが禁じられており、日射病（当時は「熱中症」という言葉は一般的でなかった）で倒れた生徒が出た際には、全員で日陰に運んでヤカンで水をかけ、あとはしばらく放ったらかしにしたりしていた。今になると、なぜあれで死者が続出しなかったのか不思議なくらいなのだが、当時は生徒もある程度頑丈で耐性があったということなのかもしれない。

しかし、考えてみると体罰やシゴキが消えた現在でも、別に各スポーツのレベルは下がっていないし、種目によっては逆に大幅に記録は向上している。そうなると、結局あれはまったく意味がなかったのでは……と思えてきたりもするのだが、昭和の暴力指導者たちはおそらくそれが分かったとしても、絶対に認めようとはしないのであろう。

運動部のトレーニングでは「ウサギ跳び」が基本になっていた ⚠

アニメ『巨人の星』（1968〈昭和43〉年〜1971〈昭和46〉年：梶原一騎原作・川崎のぼる原作

画、東京ムービー）のオープニング映像（星一徹と飛雄馬親子がウサギ跳びをする姿を、姉の明子が木陰から涙を流しながらみている）の影響もあり、「ウサギ跳び」（後ろで両手を組み、しゃがんで膝前方へピョンピョンと跳ぶ運動）は1970年代まで代表的な筋力トレーニングの一つとなっていた。

これは猛練習や特訓、根性論の象徴のようにもなっており、そのほか部員に対する「罰」としても「ウサギ跳びでグラウンド×周！」なんてことがよく行われていた。

『巨人の星』に出てくる「大リーグボール養成ギプス」や『柔道一直線』（1967〈昭和42〉年～1971〈昭和46〉年：少年画報社『週刊少年キング』連載、梶原一騎作・永島慎二、斎藤ゆずる画）に登場する鉄ゲタなどをみて、強烈な負荷をかければ、超人的な力が身につくと信じている生徒も多く、また指導者たちも、「ヒドい目に遭わせれば遭わせるほど、精神力が高まって競技レベルも向上する」とか恐ろしく非科学的なことを考えていたのである。

「ウサギ跳び」については、一部では70年代の早い段階から否定や疑問視する声も上がっていたが、決定的だったのは1978（昭和53）年に静岡市長田南中学校野球部員がコーチの指示で2キロのウサギ跳びを行ったあと、15名が腓骨《ひこつ》の膝側を骨折したという事件だった。

これにより文部省（現・文部科学省）では禁止の検討を発表し、やがてはスポーツ医学界でも、「百害あって一利なし」が常識となっていく。今の若者に当時の映像をみせたりすると、「これが、昭和の時代にやっていたっていうアレかあ～」といって笑いも出るようで、もはやこれも20世紀のギャグとしてしか通用しなくなっているようである。

中学・高校で厳しい頭髪・服装・持ち物検査があった⚠

管理教育全盛の時代は、どこの学校でも頭髪や服装、持ち物のチェックが厳しかった。禁止とされる持ち物をみつけたりすると、中にはその場で引き裂いたり、床に叩き付けて壊す教師もいた（器物損壊罪）。また、男子の場合は「髪が伸びて耳についていたらアウト」という学校も多く、2度注意しても直さないと、職員室に呼び出して3～4人の教師で手足を押さえつけ、無理やりハサミで髪を切ったりもしていた（傷害罪）。今なら生徒たちにスマホで撮影・録音され、新聞報道もされて懲戒処分になるところだろうが、当時それらはまったく当然とされていたのである。生徒に人権などというものはなく、親に訴えたところで「お前が悪いんだから、しょうがないだろ」といわれてだいたいはオシマイであった。

「不登校」という選択肢がほぼなかった⚠

昭和の時代は、どんな不良でも落ちこぼれでも、イジメに遭っている生徒でも、必ず毎日学校に来ていた。当時は「不登校」という言葉そのものがほぼ使われておらず、学校に行かないという発想自体、ほとんど誰も持っていなかったのである（筆者が通っていた公立小・中・高校でも、「途中から来なくなった」という生徒は1人もいなかった）。

1960〜1970年代頃の日本テレビ系列の青春ドラマや当時の漫画をみても分かるように、どんな不良生徒でも律儀に始業時間には登校していたし、もし実際親に「学校行きたくない」なんていったとしても、「クダらねえこといってんじゃねぇよ。着替えてとっとと行け」といわれて終わりだったのだ。

しかし、管理教育の時代が終わり、「イジメ」や「引きこもり」（昭和の頃はまだこの用語自体があまり使用されていなかった）が社会問題として取り上げられるようになると、現場での「民主化」（？）が急速に進み、教師や親たちも「嫌なら無理して行かなくてもいいんだよ」などといい始めたため、そうした生徒は急激に増加していくことになった（2023年度小中学校の不登校児童・生徒数は34万6482人：文部科学省調べ）。たしかに深刻な状況に陥っている子たちに無理をさせる必要はないのだが、同時に苦難に対する耐性を減少させたともいえるし、これは功罪相半ばというところだろうか。

なお、「引きこもり」が登場した背景には、時代とともに生活が豊かになり、子供たち一人ひとりに専用部屋が与えられるようになったことや、少子化、パソコン・携帯電話の普及なども存在しているといえそうだ。昭和中期までは子供が3人以上いる家庭も多く、兄弟全員でひと部屋が与えられているのが普通であったし、また貧しい家庭では6畳一間や4畳半+3畳間に親子4~5人で住んでいたりしたので、引きこもりたくても引きこもりようがなかったのである。

中高生の間で「ABCD」という隠語が使われていた

セックスに関しては、ティーン向けの雑誌などでも「ABCD」という隠語がよく使われていた。「A=キス　B=ペッティング　C=セックス　D=妊娠」となっていて、男子の間でも友人の誰かに彼女ができたりすると、しばしば「もうAまでは行った?」とか「あの子カタくってさ、まだB止まりだよ」なんて会話がなされていた。

アイドルソングでも『恋のABC』（1975〈昭和50〉年：安井かずみ作詞・穂口雄右作曲・池田ひろ子歌）という曲があり、中3の女の子が妊娠するという学園ドラマ『愛のA・B・C・D』（1981〈昭和56〉年~1982〈昭和57〉年：日本テレビ系列）も放映されていた。また、人気アイドルの沖田浩之は「**Aまでいったと**（中略）**Bまで済んだと**（中略）**ABCABC、ハーンE気持**」（『E気持』1981〈昭和56〉年：阿木燿子作詞・筒美京平作曲）などというヘンな曲を歌ったりしていた。漫画では『がきデカ』（1974〈昭和49〉年~1980〈昭和55〉年：秋田書店『週刊少

年チャンピオン』連載、山上たつひこ作・画）で、「禁じられた　ぜ　ぜっとぉぉ〜っ」というセリフが出てきていて、これも男子の間ではよく使われた。そのほか、旺文社ＬＬ英語教室のＣＭでは「ＡＢＣは知ってても、それだけ〜じゃ困ります」

という曲が流れていて、これをパロディとして会話で使うことも流行った。

中学・高校生がラジオの深夜放送ばかり聴いていた

今は若者もスマホ一辺倒になっていてテレビさえみなくなっているが、昭和の中・高校生はみなラジオの深夜放送に夢中になっていた。

１９６５（昭和40）年に、文化放送『真夜中のリクエストコーナー』で土居まさるが人気となり、その後１９６７（昭和42）年８月にＴＢＳラジオが『パックインミュージック』、同年10月にニッポン放送が『オールナイトニッポン』、文化放送が1969（昭和44）年6月に『セイ！ヤング』の放送を開始すると、この3番組は「深夜放送御三家」「三大深夜放送」とも呼ばれることになり、ラジオ深夜帯は黄金時代を迎える。『セイ！ヤング』では1974（昭和49）年〜1978（昭和53）年に「レモンちゃん」の愛称で親しまれたパーソナリティの落合恵子が人気となり、その後も深夜番組からは次々に人気者が生まれていった。また、深夜放送からは多数の流行語や大ヒット曲も生まれ、最先端の情報をキャッチしようとする若者には欠かせないものとなっていった。

なお、こうした人気の背景には、生活が豊かになって中・高校生たちが個室を与えられるようになったことや、みながラジオやテープを所有しはじめたこと、受験競争が過熱する中で孤独に悩み、学校以外でも繋がりを求める若者が増えたことなどが背景にあったと考えられている。

投稿したハガキが読まれることも、リスナーにとっては大きな喜びで、ラジオで紹介された翌日は、学校でも「昨日〇〇で読まれてたの名前同じだったけど、お前？　お前？」なんて級友にもいわれて一時的にヒーロー扱いされていた。また、こうしたハガキの常連投稿者はやがて「ハガキ職人」などとも呼ばれるようになった。

洋楽や邦楽の新曲・話題曲をいちはやくチェックできるのも魅力で、高価なラジカセ（ラジオとテープレコーダーが一体となった機器）が買えるようになるまでは、誰もがそうした曲を直接ラジオにテープレコーダーをくっつけて録音したりしていた。筆者も同様だったが、途中で母親の「アンタ、いい加減に寝なさいよ」なんて声が入ったり、飼い犬の吠え声が入ったりして失敗することもたびたびだった。しかし、数十年たって母親も飼い犬も亡くなった今となると、それらもまた涙が出るほど懐かしい音声になっていたりするのだった。

修学旅行で定番になっている土産物があった ⚠

昭和30年代後半から、平成初期まで修学旅行(および学生旅行)の土産物としては、現地の風景などが描かれた「ペナント」が大人気となっていた。帰宅すると、だいたいはみな自室の壁に貼っていたが、そうした光景は河合奈保子の曲『Ｉｎｖｉｔａｔｉｏｎ』(1982〈昭和57〉年:竹内まりや作詞・作曲)でも、「ペナントだらけのあなたの部屋に……」と歌われている。

ほか、女子は一般に絵ハガキとか菓子とか無難なものを購入する傾向が強かったものの、男子だと観光地の風景とともに「根性」「忍耐」「努力」「友情」といった文字が入っている盾やら、金ピカのプラスチックフィギュア、提灯、木製の「通行手形」、般若のキーホルダー、「ジャンボ鉛筆」(ひどく使いづらかった)、「京都」「日光」などの文字が入った木刀とか、やたらとしょうもないものを買う生徒が多かった。特に木刀は文字を除けば記念にもならず、実用性もないため、家の中では邪魔モノ扱いされがちで、買った男は母親に「アンタ、こんなのどうすんのよ」といって叱られたりしていた。また、近年では金ピカプラスチックフィギュアなども、漫画家・イラストレーターのみうらじゅんが「いやげ物」(もらっても嬉しくない、一体誰が買うのか疑問に思えるような土産物)と命名し、その代表格として挙げたりしている。

しかし今はペナントもほぼ消滅したほか、ダサい土産物も避けられはじめ、修旅生も日持ちのする菓子などを買うのが当たり前となってきた。インターネットで簡単に地方の名産品の見本がみられたり、取り寄せたりもできる時代になったため、ありがたみもかなり薄れてしまったとの声もよく聞かれる。事前にスマホで検索もできるため、お土産の購入であれこれ悩んだり、帰宅してから家族とそれを話題にしたり……といったことも、かつてと比べればあまり起こらなくなっているようだ。

ダンスのできる人間がごく一部にしかいなかった

2012(平成24)年からは中学校保健体育で男女ともダンスが必修化されており、小学校での「表現運動」と合わせると、義務教育期間中の生徒は全員が8~9年間ダンスを習うことになっている(中学3年時のみ選択可)。

アイドルもみな揃ってダンスを踊るグループばかりとなり、ネットの動画もSNSもダンスだらけ、テレビのアニメやドラマのオープニングやエンディングもダンス、街を歩けばダンスの練習に励む若者があちこちでみられるし、ダンスサークル・部活も花盛り、趣味はダンスと答える若者も増えて、いつの間にやら日本は右を向いても左をみてもダンス、ダンスの社会になってしまった。

だが、昭和の時代は踊っている人間などごく一部にしかおらず、普段みかけることはほとんどなかった。「ダンス」と聞いて普通思い浮かぶのはフォークダンスで、それも小学校の授業でちょっとだけ習ったり、運動会の合い間に行ったりする程度だったのである（好きな女の子と手が繋げるので、男子はみんな喜んでいたが）。

中学・高校の部活でも、もちろんダンス部は存在していたが、踊る姿が披露されるのは体育祭の時くらいだったので、「創作ダンス」といっても意味が理解できず、そうしたことに疎い男たちはただ「何か、クネクネ変なことやってんな」と思っていただけだった。

成人すれば、一部社交ダンスを楽しむ人はいたし、昭和後期になるとディスコがブームになったりもしたが、近所のおじさんやおばさんが踊るといえば普通は夏の盆踊りでの「炭坑節」「オバQ音頭」「東京音頭」などだった。阿波踊りやねぶた等地域に大きな祭りでもなければ、踊りに親しむ機会は非常に限られていたのである。

なお、文部科学省がダンスを必修化した理由は、「運動神経やリズム感、仲間とのコミュニケーション能力が向上」し、「協調性や人を思いやる心が育つ」からなのだそうだが、もちろん世の中には踊るのが苦手な人間だっているわけで、そうしたトロい（?）タイプの生徒にとってはダンスなど苦痛以外の何ものでもないようだ。「アイツ1人のために、グループ（クラス）全体のレベルが下がる」などといわれて、それがイジメの原因になったりするケースもあるらしく、ネット上ではダンスの授業が辛くて仕方ないといった書き込みも結構目立ったりしている。人間は元より不平等に生まれていて能力もバラバラなのだし、筆者などはもういい加減、「何でもみなで揃ってやりましょう」教育は見直した方がよいと思っているのだが、いかがなものであろうか。

学生旅行ではユースホステル泊や野宿が当たり前だった ⚠

昭和の学生旅行はビンボー旅が当たり前で、札幌大通公園や京都駅前はいつも野宿の学生でいっぱいだった。また、終電後も閉めない駅や無人駅を探して、そこの待合室のベンチで夜明けまでを過ごす学生もおおぜいいたりした。宿泊施設に泊まるとしても、民宿かユースホステル泊が普通で、そのため夏休み中の人気ユースホステルはどこでも2〜3か月前に満員になったりしていた。

ユースホステルは安価で宿泊できる一方、相部屋でシーツは自分で敷いたり畳んだりさせられ、食器も洗わされるのが厄介だったりした。また夜になると必ずミーティングの時間があって、そこではチューリップハットを被った長髪の大学生のヘタクソなギターに合わせて、フォークソングを歌わされたりした。

なお、北海道では「20日間普通列車・急行列車自由席乗り放題」の「ワイド周遊券」を使って旅している学生がほとんどだったため、道内のユースホステルではどこでも、有効期限を残して帰る人とこれからまだ旅を続ける人とで周遊券を交換し合う「周遊券交換会」が行われていた。これも厳密にいえば違反だったのかもしれないが、当時はそんな細かいことでクレームを付ける人間など、どこにもいなかったのである。

大学で学生運動が盛んだった

1972(昭和47)年に起きた連合赤軍「あさま山荘事件」や、それに続いて発覚した「山岳ベース12名リンチ殺人事件」によって、学生運動の時代は終焉を迎えることになったが、それまでは大学構内でアジ演説を行ったりデモ隊が行進したりする姿がどこでもみられた。

大学構内は立て看板だらけだったが、不思議なことに東北でも名古屋や関西でも、その文字は同一人物が書いているとしか思えないくらいにみなソックリだった。ちなみに、これは「ゲバ字」とも呼ばれていて、字体のほか表記も「倒れる」を「仆れる」、「戦う」を「斗う」にするなど、一応ルールが存在していたそうである。

　また、今の学生がみれば「信じられない光景」ということになるようだが、ゲバ棒にヘルメットの学生たちが機動隊と衝突し、火炎瓶や石を投げつけるシーンなども、夕方のニュースではしばしば映し出されていた。特に、1968（昭和43）年10月21日の「国際反戦デー」に合わせて過激派学生らが新宿駅ホームや線路を占拠し、機動隊と対峙しながら投石・放火を行っている場面（デモ隊は約5000人、集まった野次馬は約2万人とされ、騒乱罪による逮捕者は734人）や、1969（昭和44）年1月18日～19日東大・安田講堂の攻防戦（動員された機動隊員は約8500人）などは、誰もが「本当に日本でこんなことが起きているのか？」と思うような光景だった。

　1969（昭和44）年夏になると、新宿駅西口では毎週土曜日に自然発生的な形で「フォーク集会」も行われ始めた。最盛期に集まった人々は約1万人（！）。岡林信康の『友よ』や高石友也の

全共闘をはじめとする過激派学生が東京大学本郷キャンパスの安田講堂を占拠した　写真：Fujifotos／アフロ

『受験生ブルース』、ジョーン・バエズ他の『勝利を我らに』などが歌われ、あちこちでは討論も行われていた。特に高石の『受験生ブルース』は『機動隊ブルース』という替え歌にもされ、「ヘルメット持ってた機動隊／十年もやってる機動隊／どこがいいのか機動隊」「大事な青春無駄にして／ジュラルミンの盾に身を託し／まるで河原の枯れすすき／こんなオイラに誰がした」「70年を前にして／こんな歌ばっかり歌っていると／きっと来年も歌ってるだろう／私服にパクられブタ箱ブルースを」などと歌われた。この集会は秋になって、警察が強制排除を行ったことで消滅している。

さらに、この時代には各派の暴力による支配や内ゲバ等も多く、悲劇が絶えなかった。筆者の通っていた早稲田大学でも、1970（昭和45）年10月6日早朝、革マル派の暴力に苦しんでいた山村政明が「抗議・嘆願書」を残して大学そばの穴八幡宮境内で焼身自殺しているし、1972（昭和47）年11月8日には川口大三郎が文学部内で同じく革マル派からリンチを受け殺害されている。

革マル派は大学とも癒着していて、学園祭で強制的に買わされるパンフが資金源になっており、早稲田祭は長く「革マル祭」とも呼ばれていた。なお、平成に入ってから大学側はこれらの資金源を断つ方針を打ち出し、学内を正常化させることにも成功している。

今はどの大学のキャンパスも清潔になり、かつての時代がウソのように思えるほど静かになっているし、政治闘争に身を投じる学生もほぼ見当たらなくなった。

もっとも、あの頃学生運動に熱心だった男性たちに話を聞くと、「まあ、あの時代のファッションだったんで」「ノンポリは情けないようなイメージもあったし」とか、「正直、女にモテたくてやってた」なんて答えが結構出てきたりする。1971（昭和46）年に8人の女性を殺害した、強姦魔の大久保清（※P73）も一時は「学生運動の闘士」を装ってナンパしていたし、当時はそうした不純な動機で活動していた人も意外と少なくなかったようである。

公立の「花嫁学校」があった⚠

昭和の時代には、「女の幸せ」は結婚以外にはない、と考える人が多く、そのため農村などでは公立高校に花嫁修業をさせる「別科」が設けられたりしていた。また、そうした学校は地元で「花嫁学校」「花嫁教室」などと呼ばれたりしていた。学校は2年制で、「いけばな、お茶、習字、料理、裁縫」などの授業があり、卒業しても高卒の資格は与えられなかった。

やがて高校進学率が高まっていったため、昭和40年代前半頃になるとそれらの学校はほとんど廃校となる。さらには「高校全入」といわれる時代が訪れると、どこでもそれは完全に過去のものとして忘れ去られていったのであった。

短大がたくさんあって街じゅうに短大生がいた

昭和50年代くらいに入ると、都内などはどこも短大だらけで、街には短大生が溢れていた。

就職しても、男を上回るような学歴を持っているのは好ましくないとされ、4年制大卒の男性社員の相手なら、短大出くらいがちょうどいいなどといわれていたのである。また、どこの企業も社員の「お嫁さん候補」として採用を行っていたので、卒業から適齢期（当時は24歳くらい）まで4年程度、というのもほぼベストと考えられていた。

卒業後も、しばらくお茶汲み・コピー取りの腰掛け就職をして、寿退社する女性がほとんどだったため、勉学に励むような姿はあまりみかけられなかった。だいたいの子は、近くの有名大学のテニスやオールラウンドスポーツなどの軟派サークルに入り、そこで彼氏を作って、夏休みには高原のペンションへセックスしに行っていたし、在学中の2年間は単なる「モラトリアム期間」としか考えていなかったのである。

しかし昭和末～平成以降、男女とも仕事も賃金も同一となって生涯働くのも当たり前となってからは、そうしたミーハー短大生も急速に姿を消して行った。さらには、非婚・晩婚化が進んだこともあって、短大はその意義を失い、急速に姿を消していくことにもなった。

⚠ 4年制大学に通う女子が「インテリ」というイメージで捉えられていた

女性の4年制大学進学率は、1965（昭和40）年で4・6％、ひとケタを脱したのは1973（昭和48）年（10・6％）で、昭和末の1988（昭和63）年でさえ14・4％に過ぎなかった（文部省統計：2023年は54・5％）。

そのため、昭和40年代は女性で4年制大学に行っていると、「女だてらに……」といわれ、それだけで「カタブツ」「インテリ」にみられたりしていた。実際、筆者も昭和40年代半ばには近所の主婦が「○○さんとこの○○ちゃん、4年制の大学行ったんですって」「あの子、勉強好きだったからねぇ」との会話をしていたのを記憶している。

また、漫画『がきデカ』（1974〈昭和49〉年～1980〈昭和55〉年：秋田書店『週刊少年チャンピオン』連載、山上たつひこ作・画）でも、ハイキング中に化石をみつけて解説する女子大生に対し、主人公が「さすが女子大生だけあってよく知ってるなあ」とつぶやくシーンがあったりもするのである。そのため、昭和末くらいまでは、「風俗で働いている女子大生がいる」などという記事が雑誌に載ったとしても、実際にそれを信じている人はほとんどいなかった。

ただし、4年制大学へ進んだ女子は、就職となると逆に極端なまでに不利となっていて、「使いものにならない」ともよくいわれていた。当時は

24歳くらいが結婚適齢期とされていて、4年制大学の場合となると、卒業から2年後くらいの仕事を覚えた段階で寿退社してしまう、とみられていたからである。

やがて昭和末期～平成に男女雇用機会均等法が施行され、賃金も同一となって女性も生涯働く時代になると、4大卒女子が特別な目でみられることはなくなっていった。また、多くの短大が消滅し、進学率も高まった今では、男子と同じく「大卒」という肩書も昭和時期と比べるとさほど意味を持たなくなってしまっているようだ。

大学サークルで山岳部・ワンダーフォーゲル部が大人気だった ⚠

昭和40年代の終わり頃まで、若者の間では登山が大ブームとなっていた。新宿駅の「アルプスの広場」（現在、同所は「アルプス化粧室」となっている）などは、松本方面行きに乗ろうとする若者たちで埋め尽くされ、夜行・寝台列車はほとんどが満員だった。大学では「山岳部」と「ワンダーフォーゲル部」が人気で、部員が100名近いところも少なくなかった。

ただし、当時はシゴキが当たり前の時代であったため、1年生部員はどこでもヒドい目に遭っていることが多かった。山では先輩の分と合わせて2~3人分の荷物を担がされたり、ピッケルで尻を叩かれながら登らされるのが普通で、モタつき気味の新入生が、先輩に殴られたり、ピッケルで全身を叩かれて死亡する事件などもたまに起きたりしていた。

今はおしゃれな「山ガール」も増えて、若者の間で低山が人気になったりしているが、逆に本格的な登山を楽しんでいるのは、あのブームを知っている昭和世代であることが多い。だが、残念ながらそれらは同時に、各地における中高年登山者らの遭難多発の一因にもなっているようである。

学生たちがみなギターに憧れていた

70年代フォークが流行って以降や、ニューミュージックの初期くらいまで、若者の間ではとにかくギターがメチャクチャ人気であった。そのため、街を歩いていても「ギター教室」とか、「ギター教えます」なんて看板がやたらと目についたりした。

旅先のユースホステルでも、教室でも、ギターを弾ける人間が中心になって輪ができたりしていたし、男ならば「人気者になりたければギター」「モテたければギター」みたいなことがいわれていたのである。

　最初クラシックギターを買って、地道に『禁じられた遊び』あたりから練習しているようなのもいれば、単純なコードだけ覚えてやたらいい加減にジャンジャンかき鳴らしているような男もいたが、それでも何となく持っているだけで恰好がつくようなところはたしかにあった。

　しかし初心者の場合、バレー（弦の全部を押さえる）のFコードの「壁」があって、いくら練習してもなかなかクリアできず、投げ出すという話もしばしば聞かれた。

　今は弦も細く、柔らかくなっていて、Fの壁は存在しないともいわれている。それを知れば、「あの頃にそんなギターがあったらよかったのに……」と思う昭和世代も、さぞや多いのではないだろうか。

第3章 家庭と職場——のん気なようで意外と地獄

「押し売り」が頻繁に家に入ってきていた

昭和30年代の長谷川町子などの漫画にも頻繁に登場するが、実際昭和50年頃までは押し売りがいっぱいいて、しょっちゅう家の中にも入り込んで来ていた。今ではあり得ないことだが、当時は「ゴメン」といってガラガラと玄関の戸を開け、上り口に勝手に座り込むというのが普通の営業スタイルだった。漫画などでは、「俺は昨日、刑務所を出たばかりだ」「ゴムヒモを買え」「買うまで帰らねぇぞ」が定番のセリフ。その頃は震え上がって仕方なく不要な商品を買うような主婦も、決して少なくはなかったのである。

しかし、昭和50年代に入ってからは脅すやり方は流行らなくなり、代わりに高齢者の話し相手になったり、身の上話や苦労話で同情を買ったりして売り付ける手口が主流となっていった。

筆者の家でも、母親が訪問販売のセールスマンに「僕は東北の貧しい村出身で、病弱の母がいて……」とか、「私の上司は厳しくて、今日もこれを売り切るまでは会社に戻ることができないんです」などといわれて、得体のしれない健康器具や健康食品を購入したり、聞いたこともないメーカーのインスタントラーメンを箱買いしたりするので、「なんでそんな単純な手口で騙されるんだ！」と叱ったことがあった。

のち、豊田商事事件（１９８０年代前半に起きた詐欺商法による事件）では、営業部員が茶の間で20〜30分土下座し続けたりする手口で高齢者たちから契約を取り付けていたが、たしかに押しまくられると弱い人というのは、いつの世でも結構多かったりするようだ。豊田商事の社員教育ビデオでは契約を結ばせる秘訣として、「契約するまで家を出んことです」といっていたが、これはたしかに、そうといえばそうなのであろう。

２０００年代からはおかしな訪問セールスも減ってきた感があるが、それに代わって電話によるオレオレ詐欺やネット詐欺が増えている。騙されやすい人、気の弱い人であれば、それらは依然要注意である。

携帯電話はなく電話は一家に一台、黒電話のみ

当時はもちろん携帯などという便利なものはなく、電話は茶の間か玄関近くにデンと黒電話が一台あるのみ。会話はすべて両親に聞かれてしまっており、そのため10代までの子などは人間関係もほとんど把握されていた。

昭和の時代を象徴するアイテムの一つ、黒電話。ダイヤル式で受話器は重く、長電話をすると手がしびれた　写真：イメージマート

特に母親は敏感で、電話の頻度によって友人の仲良し度合いが分かっていたし、異性の交際相手がいるかどうかも必ず知っていたのである。それゆえに、いつもかかってきた相手からの連絡が途絶えたりすると、「○○君とケンカしたの?」「○○子ちゃんとはもう付き合っていないの?」などと聞かれることも多かった。

電話を受けるのもいろいろと大変だったが、相手側に掛けるとなるとさらに厄介だった。最初に受話器を取るのは9割がた母親であったし、1割近くが父親やきょうだいで、本人が直接通話口に出てくることなどほとんどなかったのである。

特に男の子の場合、女の子の家に電話するのは極めてハードルが高かった。母親などが最初に出てきても緊張のあまりシドロモドロになったりもしたし、意地悪な親や、警戒心の強い親だと「同じクラスの方?」とか「どのようなご用件ですか?」などと聞いてくるので、ますますプレッシャーを感じてしまうことになったりした。そのため、学校であらかじめ「今晩、○時にかけるから直接出て」などと約束させたり、家にかかってきた場合は「すぐかけ直すよ」といっていったん電話を切って10円玉を握りしめ、近くの公衆電話まで走る……なんて話もよく聞かれた。

また、うまく相手とのタイミングが合わずなかなか本人につながらない、といった状況もたびたび生じていた。勇気を出して女の子の家に電話したものの、「今、風呂に入っています」「買い物からまだ帰ってきていません」などと何度もいわれると、段々とメゲてきてしまい、「もしかしたら居留守使われているんじゃないか」「通話口にいる母親の向こうで、本人が顔をしかめながら手をパタパタ振ってるんじゃないか」などと疑心暗鬼にとらわれたりすることも少なくなかった。

今は時代も変わり、スマホで個人宛ての電話もできるし、メールやLINEを使って簡単にやりとりも行えるようになっている。着信拒否も可能だし、LINEなら既読が付かなくなったりもするので、相手の意思を確認するのも簡単になった。それだけに、昭和世代ならばだいたいはみな当時をふり返って、「若い頃にケータイがあったらなあ……」とは思っているはずなのである。

テレビが一家に1台でチャンネル争いが起きていた

どの家庭でもテレビはだいたい茶の間に1台あるだけで、そのため家族の多い家ではチャンネル争いがよく起きていた。例えば3人きょうだいの家であれば、決定権は父親－長子－次子－末子の順にあり、末子が好きな番組をみられるのは、年上の人間とたまたまみたい番組が一致した時か、誰もみたい番組がない時だけであった。「頼む、5分だけ○○みせて」などといいながら、無理やりチャンネルをカチャカチャ回したら（当時はリモコンなし）、「あ、いいとこだったのに何すんだ！」「ふざけんな、コノヤロー」とかいわれて兄に殴られたりする話もよくあった。そのため、どうしてもみたい番組がある時は、近くの電器店か中華料理店に行くのが最後の手段となっていた。

チャンネル争いはたまに殺人事件にまで発展することもあって、1978（昭和53）年には埼玉県与野市で、中学2年生の兄が『さるとびエッちゃん』（日本テレビ）、小学6年生の妹が『みつばちマーヤの冒険』（TBS）をみたいといい出してケンカとなり、兄が妹を果物ナイフで刺殺している。また、1980（昭和55）年には徳島県でも「アニメがみたい」という弟と「バレーボール番組がみたい」という姉が対立し、弟が姉を父親の猟銃で射殺した事件があったりした。

今となっては、若者たちのテレビ離れが進んでいるし、それでなくても2～3台テレビがある家が少なくない。録画もできるし、TVerなどで見逃した番組もみられるので争いなども起こりようがなくなっている。あの凄まじく殺気立った状況は、現代の若者であればもはや理解できないことであろう。

家電製品にやたらと大げさな名前がつけられていた ⚠

昭和期はまだ家電が高価だったこともあって、どの製品にもビックリするほど大げさな名前がつけられていた。

例えばテレビも、「王座」「名門」（いずれも東芝）、「薔薇」「日本」「帝王」（三洋電機　※「帝王」は平成初期）、「高雄」（三菱電機）、「太陽」（NEC）、「王朝」（ゼネラル）といった具合で、それらの多くは家具調で高級感のある木製フレームに収まっていた。また、そうしたテレビは、今とは比べ物にならないほど大切に扱われていて、みない時にはビロードの覆いをかけたりする家庭も多かった。

なお、テレビに関してはCMもまた大げさで、1965（昭和40）年の「嵯峨」（松下電器）など、「日本伝統の優雅な美しさを見事に盛り上げたナショナルテレビ『嵯峨』。ウォールナットの肌合いを生かしたデザイン。黄金シリーズの高性能。ナショナル人工頭脳テレビ『嵯峨』は……」といった調子であった。大手メーカーではテレビ購入者に景品をつけていたこともあって、一時期は「黄金の茶釜」（松下電器）、「維新の大砲」（日立）、「幸福を呼ぶ十二支の置物」（東芝）などで競い合っていた。

冷蔵庫でも「北斗星」（東芝）という製品が販売されており、洗濯機・衣類乾燥機では「愛妻号」（松下電器：現ブランド名「パナソニック」）という、今なら問題になりそうなネーミングがなされていたものもあった。

掃除機の名でよく知られていたのは何といっても「風神」（三菱電機）で、これは夜8時からの「三菱ダイヤモンドアワー」プロレステレビ中継で必ず紹介されていたため、昭和世代の男性であれば、今なお大半が記憶しているようである。ちなみに、このプロレス中継の際には必ず試合後のリングで掃除機をかける場面が映し出され、アナウンサーが「ただ今、三菱電機掃除機『風神』がリングを掃除しております……」と説明することになっていた。これに関しては、血と汗が飛び散っているリングに掃除機かけたってしょうがないだろうにと誰もが思っていたのだが、当時は昭和特有のアバウトさで、こうしたチカラ技も普通に通用してしまっていたのである。

主婦が近所で買い物をする時は「割烹着を着て、買い物カゴ持参」だった

昭和中期までは漫画『サザエさん』（長谷川町子作・画）よろしく、買い物といえば「割烹着で

買い物カゴさげて、近所の小売店かスーパーマーケットへ」というのが主婦にとっての普通のスタイルだった。

当時は恰好にしても、「主婦なら主婦らしく」するというのが求められていた時代でもあり、割烹着ならば家に戻った後もそのまま家事に取りかかれて便利だったのである。また、小売店ではザルにお金が入れてあって、レジスターが存在しない店も多かった。夏や年末になると福引券を配って、抽選会を行っている商店街も多く、1等・2等・3等を引いたりすると、よく名前が貼り出されたりもしていた。

今は大型スーパーの増加と共に小売店も減少し、専業主婦も激減しているため、そうした女性の姿はほぼみられなくなっている。コンビニ誕生以降は、レジ袋での持ち帰りも常識化して、手ぶらで行く人が圧倒的となった。ただ、最近レジ袋が有料になって以降は、マイバッグ持参で買い物をする女性が増えており、ある意味状況は昔に戻りかけてもいるようである。

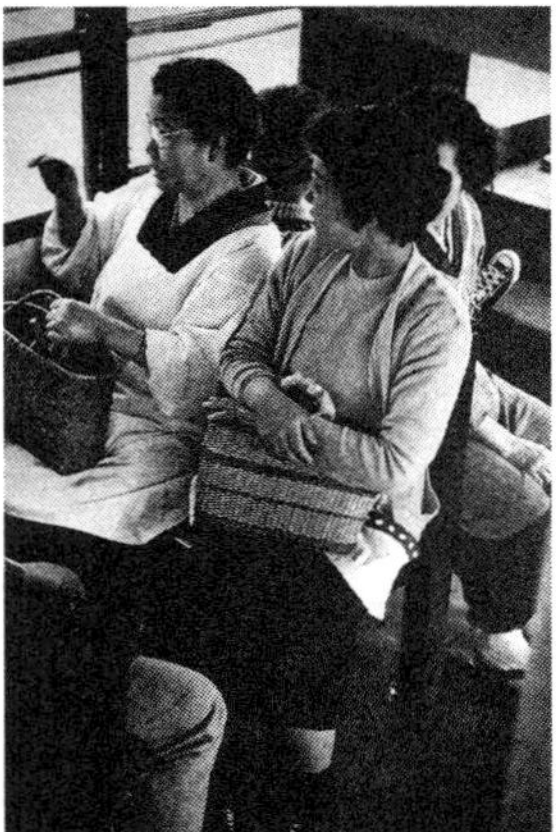

割烹着を着て買い物に行く主婦の姿。当時はこれがどこでも普通にみられた光景だった　写真：HMアーカイヴ／アフロ

夫婦共働きの家庭の子が「カギっ子」と呼ばれていた

昭和の頃は、子持ちの女性の大半が専業主婦であったため、家に母親がいない子供は凄く珍しがられた。また、そうした子はランドセルにカギをぶら下げていたりするので、よく「カギっ子」とも呼ばれていた。

筆者も小学生時代、仲良くなった子の家に遊びに行ったら、自分で玄関のカギを開け始めるので、「えっ⁉」と思って驚いたのを覚えている。

「○○君、お母さんはいないの？」と尋ねると、「うん、昼間は働いているんだ」と答えるので、帰宅してから夕食時にそれを話すと、筆者の母親も「まあ、可哀そうに……」といって盛んに気の毒がっていた。

また、少し経つとすぐに噂は広まって、教室でも「○○君の家は、お母さんも働いているそうだ」「昼間行ってもお母さんはいないらしい」なんて話がしばしば出るようになったりしていた。

しかしこれも、女性が一生働くのがごく当たり前となった現在では、もはや想像すらつかない光景ということになるのだろう。

怪しげな添加物入りや不衛生な食品が販売されていた

昭和中期頃までの食べ物には得体の知れない製品が多く、今になるとあれは一体何が入っていたのだろうと思えるようなものもたくさんあった。

いつまで経っても腐らなかったり、着色料まみれだったりする食品もやたらとあって、製造年月日や生産・製造地が分からないのも当たり前だった。

ジュースなどでも、「イチゴ味」を飲めば舌は真っ赤、「オレンジ味」ならオレンジ色に染まるのが普通だったが、今とは違ってその頃は「そうならないと、イチゴ味やオレンジ味って感じがしない」ということで逆に不評だったりした。

また、昭和中期には「チクロ」が問題になったこともあった。チクロは砂糖の40倍の甘味があるとされる人工甘味料で、日本では1956（昭和31）年に食品添加物の認可を受けたが、米国で1968（昭和43）年に発がん性の疑いが指摘され、翌年に使用が禁止されると、日本でも認可が取り消され、使用禁止となった（現在は、また一部でこれを疑問視する声が上がり始めている）。

当時は衛生管理も相当ひどかったようで、筆者もある大手菓子メーカーのチョコレート菓子を食べていたら、1センチ四方ほどの小石が出てきたことがあった。メーカーに苦情をいって現物を送ったら、丁寧なお詫び状と段ボールに入った菓子の詰め合わせが届いたが、一体何をどうやったらあんなものが入るのか実に不思議だった。しかし、その頃大手菓子メーカーの製造工場でアルバイトをしていた近所のお兄さんに尋ねてみると、「長靴履いて、スコップでドラム缶に菓子入れたりしてるからね。そういう時に入ったんだろうね」なんてことを、こともなげに答えていた。当時は大手でさえこの有様だっただけに、中小や零細に至っては大半が推して知るべしの状況であったのかもしれない。

アイスクリームが夏しか売られていなかった

販売期間は7月中旬から9月中旬まで。アイスクリームは、夏の風物詩であった。夏休みが近づき、クーラーボックスがいっぱいになってアイスクリームの販売が始まると、近所の子供たちは待ちかねたようにワッと買いに出かけたりしていた。そして9月になってボックスが空っぽになり、布の覆いがかけられると、「今年も夏が終わったね」とみなでいい合うのであった。

ただし、今より夏が涼しかったため（１９６５年9月の東京都平均気温は22・2℃、２０２４年同月は26・6℃　※気象庁観測）、実際には9月になってからもアイスを食べたりしていると、大人たちからは「今ごろ何食ってんだ」などといわれてよく笑われた。アイスが年中売られるようになったのは、１９８１（昭和56）年にロッテから「雪見だいふく」が販売されて以降のことである。

スパゲティといえば「ミートソース」と「ナポリタン」しかなかった

昭和50年代前半まで、スパゲティといえばだいたいどこでもこの2つのメニューしかなく、ほとんどの人は「そういうもんだ」と思い込んでいた。実際には、1963（昭和38）年に渋谷に「壁の穴」（新橋の「Hole in the Wall」が前身）が開店しており、「タラコ」「アサリとしめじ」「納豆」「うに」など和風スパゲティを次々に出していたのだが、あまり浸透はしていなかったのである。

メニューにあるのもデパートの大食堂以外では喫茶店がほとんどだったため、子供にとってはそれほど普段からなじみのある食べ物ではなかった。また、当時は食べ方もよく分からず、子供などはウィンドウの中で宙に浮いたフォークがナポリタンをクルクル巻いているサンプルをみて、「こうやって食うのか」と学んだりしていた。

ちなみに、「インド人は、みんなターバン巻いて明治キンケイインドカレーを食べている」と思い込むのと同じで、昭和の子供たちはだいたいが「イタリア人は毎日ナポリタンを食べている」と信じていた。あれが日本人の創作したメニューであることは、意外と大人の間でさえ知られていなかったのである。ちなみに、ナポリタンの発祥については、横浜のホテルニューグランドがGHQの将校の宿舎として使われていた頃、トマトソース炒めのスパゲティを見た当時の料理長がケチャップを使って真似たというのが有力説で、そのままのケチャップ炒めを提供したのは同じ横浜にある洋食店「センターグリル」だったともいわれている。

昭和の喫茶店で代表的なメニューとなっていた、スパゲティ・ナポリタン。ウインナーやピーマンとともに炒められていた　写真：イメージマート

その後1980年代に入ると外食産業が発達し、また海外旅行を通じて本場の味を知る人も急増したことから、スパゲティのメニューは各地で一気に多様化していくことになった。しかし、さまざまな味が楽しめるようになった一方で、昭和オヤジたちの一部はいまだに「でも、昔はどっちか選ぶだけだったから迷わずに済んだし、あれはあれでラクだったよな」なんていい合ったりもしているのである。

ラーメンに対するイメージがまったく違っていた⚠

昭和の時代もラーメン専門店はあったが、そうした店は主にチェーン店で個人経営の店はまだかなり少なかった。もちろん現在のようなラーメンブームは起きておらず、ラヲタも存在していなかったので、店の前に長蛇の列……なんて風景はまずみられなかった。

ラーメンは町中華で食べるのが一般的で、逆にいえば「ラーメン」というノレンが掛かっていても、中に入るとチャーハンでも何でもある町中華であることがほとんどだった。そうした店は、都内であればラーメンも普通の醤油ラーメン一本で、トンコツだの魚介系だのなんて話が聞かれることはまずなかった。筆者にしても、1975（昭和50）年に初めて博多・長浜でラーメンを食べた時は、スープが真っ白なので「えっ!! 何だこれ!?」と仰天したくらいなのである。

本格的なラーメンブームが起きたのは1990年代半ばからで、1994（平成6）年には横浜市に「新横浜ラーメン博物館」がオープンしたことなどもあって、以後は雑誌でも盛んにラーメン特集が組まれるようになった。また、雰囲気も変わり、だんだんと女性でも気軽に入れるようになったほか、おしゃれなBGMが流れる店も増えていった。

決定的にイメージが変わったのは、TBSのバラエティ番組『ガチンコ！』（1999〈平成11〉年〜2003〈平成15〉年）の「ラーメン道」シリーズあたりからで、「ラーメンの鬼」と呼ばれた「支那そばや」店主・佐野実がいつも腕組みをしていたことから、次第にこれは定番のポーズとなっていく。そして、ラーメン店経営は「道」を極めるもの、ということになって、どんどん説教臭さが増し、店主の服装も作務衣か難しい漢字が書かれた黒Tシャツ、頭にはバンダナもしくはタオルを巻くというのが一般的なスタイルとなっていった。また、店主自体もヒゲを生やしていたりする、筋肉質のコワモテ系がやたらと増えたりもしたのだった。昭和世代からすれば、ラーメンというと「チャルメラおじさん」のような、幸薄そうな店主のイメージがあっただけに、これは激変といってもよいのだろう。

ブームにハマって今のラーメン界にすんなり馴染んでしまっている向きも目立つが、一方では「町中華に入って、店の隅にある汁の跡だらけの『週刊漫画ゴラク』や『週刊漫画TIMES』を読みながら、チャーシューとシナチク、ノリ、ナルト、ホーレンソウだけが浮かぶラーメンを食うのが正しい道だ」と信じているオヤジたちも未だ少なくない。

それにしても、どうしてラーメンだけがあんなに行列ができるのか、考えてみると何だか不思議である。有名店でも、ソバやうどんなどでは、長蛇の列という話はそれほど聞かない。やはり脂っこい分だけ、粘着質の人間が多かったりするのだろうか。

男がやたらとスーツ姿で行動していた

昭和40年代半ばくらいまでの写真をみると分かるのだが、休日でも男性はやたらスーツ姿で行動していた。デパートに行く時もそうだったが、家族サービスで遊園地に行く時も、デートでボートに乗ったりする時もまるで勤務中のような出で立ちだった。また、新婚旅行でも同様に男性はみなスーツを着込んでおり、当時の新婚旅行専用列車の写真をみても、通路側に座った男性達は全員スーツ姿なのが確認できたりする。

「非日常的な場所に出かけるならば、ちゃんとした服装で」という意識がそうさせていたようなのだが、だんだんと世の中のすべてがカジュアル化し、特別な空間が消えて行くと、それとともにそうした場所でのスーツ姿はだんだんとみられなくなっていった。

熱海や宮崎が新婚旅行の聖地だった

海外旅行がまだ高嶺の花だった頃、新婚旅行では熱海や宮崎日南海岸に行く人が多かった。

そのため、昭和40年代には東京駅で新郎を胴上げしてバンザイ三唱する光景などもしばしば見られた（のちにはホームに「胴上げ禁止」の掲示も出された)。また、国鉄では見送り用の入場券が10枚付いた、「ことぶき周遊券」なるものも発売されていた。

宮崎が人気となったのは、1960(昭和35)

新婚旅行に行く際、駅で胴上げされる新郎。東京駅での、集団による見送り風景は日常的にみられた　写真:毎日新聞社/アフロ

年に、昭和天皇の第五皇女貴子内親王と島津家第12代当主・忠義公の孫で、旧佐土原《さどわら》藩主島津久範《ひさのり》公を父にもつ久永氏が結婚し、その新婚旅行先として宮崎が選ばれたことが始まりだった。1962(昭和37)年になると、ご結婚(1959〈昭和34〉年)からまだ間もない皇太子ご夫妻が訪れたことで、青島・日南海岸周辺は「プリンセスライン」と呼ばれ、人気はさらに加速する。1965(昭和40)年に、川端康成原作のNHK連続テレビ小説『たまゆら』(最高視聴率44・7%)等多くの映画やドラマで宮崎が舞台となったり、『フェニックス・ハネムーン』(1967〈昭和42〉年・・永六輔作詞、いずみたく作曲、デューク・エイセス歌)など、宮崎にちなんだ歌謡曲が作られたことも大きく影響していったようだ。さらに、196

7（昭和42）年には、京都発宮崎行きの新婚旅行専用列車「急行ことぶき号」も運行を開始。1974（昭和49）年に新婚旅行で宮崎を訪れたカップルは約37万組に達し、これは全国のカップルの約35％に相当していたともいわれている。

一方、東京からの近場の新婚旅行先として人気だったのが熱海だった。温泉があり、夜景も美しいということで、あまり費用がかけられない向きとなると迷わずこちらを選ぶことも多かった。海岸にある「お宮の松」の前で記念撮影を行うのが定番で、そのため朝などは順番待ちになっていることもあった。こうした光景はしばしばテレビ番組でも取り上げられていたが、当時はアナウンサーも「新婚初夜を終え、さらに夫婦仲を深めた二人が……」なんてことを平気で話したりしていた。

昭和も終わり近くになると、ハワイなど海外旅行が一般的となり、国内も北海道や沖縄を選ぶ人が増えたため、「新婚旅行＝宮崎・熱海」のイメージはだんだんと薄れていく。似たような装いをしたカップルたちが、駅でみなに見送られ、一緒の列車に乗って、同じ場所に行っていたのも、はるか昔のセピア色の記憶となりつつあるようだ。

「男は結婚すると超ラク」といわれていた

昭和の時代は男がまだまだ強くて、家に帰っても「フロ」「メシ」「ネル」しか喋らないダンナがたくさんいる、などといわれていた。結婚した女性のほとんどは専業主婦になっていて、大半が「養ってもらっている」との意識を持っていたため、そうした場合でも不平不満を表に出すことはほとんどなかった。筆者も若い頃はよく職場の上司から、「結婚すると信じられないほど楽だぞ」「家に帰ると飯ができてて風呂が沸いてるし、掃除も買い物も一生しなくていいんだぞ」「しかも夜のサービス付きだぞ」などといわれていた。

今は、家事も分担が当たり前となって、男もゴロゴロしてはいられなくなった。そもそも、右記のようなことを話して、それが女性たちに伝わるだけでも、「女性差別の最たるもの」として突き上げられるのは必至であろう。いつの間にやら滅多なことはいえない世の中になってしまったが、これも時代の流れというべきなのかもしれない。

30代独身男が物凄く気持ち悪がられていた

昔は、ほとんどの男性が20代後半までに結婚していたので（男性の生涯未婚率は1955年当時約1％、2015年では約28％〔国勢調査〕）、たまに30代半ばで独身の男などがいると、「あの人、何かあったのかしら……」などといわれて、町中で噂になったりしていた。近所の主婦同士が集まっての井戸端会議の際も恰好のネタとなっており、そこへ「噂をすれば影」でたまたま当人が通りかかったりすると、みなでニッコリと微笑んで会釈し、やり過ごしたあとで「ああ、ビックリした」

などといいながらまた話を続けたりしていた。

会社でも話題になることが多く、昼食時など「○○さん、まだ独身なの知ってる？」「えっ、まさか！」といった会話もよく聞かれた。30代半ばでもこのありさまだっただけに、40代～50代で独身だったりすると、もはやそれはほとんど「触れてはいけない話」扱いであった。そうした人物については、他の部署から「どんなヤツだ」とばかりに、わざわざみにいく話もあって、やがては段々と本人もどこか「暗い過去を持つ男」のような雰囲気を漂わせ始めたりしていた。

ちなみに、筆者の父親は大手都市銀行に勤務していたが、「昭和の頃には、30歳までに結婚しない男は支店長にはなれないという不文律があった」とも話していた。当時は、いいトシをして家庭も築けない人間は社会的信用もないし、またどこかおかしい人間ともみられていたのである。そのため、行内では29歳になると駆け込みで見合い結婚するケースが続出していたという。

ほとんどの人が結婚していたのは、こうした同調圧力の結果でもあるし、逆にいえば大半の人は適当に妥協して結婚していたのだともいえるのだろう。自由な時代にはなっているが、近年では結婚難が叫ばれており、未婚化・晩婚化・少子化も極端なまでに進んでいる。当時の状況が良かったのか悪かったのか、いい切るのは難しそうである。

職場で働いている人のほとんどが正社員だった

昭和の職場では圧倒的に正社員が多く、仕事内容がほぼ同じなのに非正規という雇用形態はほとんどなかった。そのため、大半の人は、職場とは、だいたいの正社員と一部高齢者などの嘱託社員、アルバイトの学生、パートの主婦で構成されているといった認識を持っていた。一方、昭和末期～平成初期頃には、一時期好んで定職につかない若者が増えたりしたが、それもバブル景気のさなかで誰も仕事に困らなかったためだった。「フリーター」という言葉が出てきたのも昭和末期近くで、それが広辞苑（第4版）に記載されたのも1991（平成3）年のことである。

その後も非正規雇用はさまざまな分野で認められていったが、大きな問題となったのが2004（平成16）年、小泉内閣の時に産業のメインともいえる製造業務での派遣（港湾運送・建設・警備・医療以外は可とする）が解禁されたことだった。これにより、企業側では人件費を大幅に抑えることが可能になったため、非正規雇用は激増していくことになったのである。また、郵政民営化とともに他の公務員も大幅に削減され、博物館・図書館・美術館などでも運営を民間に委託する指定管理者制度が導入されるようになった。

非正規社員がどこにでもいて、高学歴ワーキングプアもゴロゴロ、望んでもいないのにおおぜいの人たちがその状態に追いやられる状況なんて、昭和の頃に一体誰が想像しただろうか。

会社は終身雇用・年功序列が基本だった⚠

植木等が「サラリーマンは、気楽な稼業ときたもんだ」と歌っていた通りで、昭和の時代では犯罪まがいのことでもしない限り、会社は定年になるまで面倒をみてくれたし、「リストラ」なんて概念もなかった。また、どんなに無能でも係長まではだいたい昇進できたため、どの会社にも「万年係長」と呼ばれている人たちがたくさんいたりした。大企業になると余裕があるため、心を病んでしまっているような人たちでも、窓際で新聞や雑誌を読んで過ごせたりしたのである。

ただし、家族的である一方、社内行事に強制的に参加させられたり、休日も上司の手伝いをさせられたり……といった調子で、プライベートの時間まで会社に奪われることも非常に多い時代でもあった。

昭和〜バブル崩壊頃までは給料も年々上がっていくのが普通で、厚生労働省発表の大卒初任給平均をみても、調査が始まった1968（昭和43）年は3万600円で、バブルが弾けた時期の1993（平成5）年は19万3000円と6倍以上になっている。だが、その後は「失われた30年」の言葉通りほとんど給料は上がらず、2024（令和6）年現在は21万6500円となっている。物価はかなり上昇しているので、今の若者はバブル期頃と比べると可哀そうなくらいにビンボーである。大学は奨学金で通う学生が過半数を占めており（大学昼間部では55％が受給：２０２２年・日本学生支援機構調査）、就職後もその返済に追われているケースが目立つ。

　今の若者が、昭和末期のドラマＤＶＤなどで、ヤングサラリーマンがブランドファッションに身を包み、シティホテルで彼女とクリスマスの夜を……なんてシーンをみれば、どこか遠い別世界のできごとにしか思えないことであろう。

会社で男性社員の定年が55歳だった

昭和後期はまだ高齢者も少なく、平均寿命も60代半ば〜70代半ばくらいだったため、大半の会社の定年は55歳となっていた。１９８３（昭和58）年には労働省（現・厚生労働省）から「より早く、実現しましょう『60歳定年』」という広告が出されており、それによれば同年１月時点での「60歳以上定年の企業は49・４％」となっている。

　なお、当時は退職後でも年金と退職金で安定した生活を送れたため、旅行や趣味を楽しみながら優雅な余生を送ることもできていた。ちなみに、漫画『サザエさん』（長谷川町子作・画　※漫画発表期間は１９４６〈昭和21〉年～１９７４〈昭和49〉年）の磯野波平の年齢は54歳（！）で、「定年間際のサラリーマン」という設定となっている。自分を「ワシ」と呼び、浴衣姿で盆栽をいじり、孫のタラちゃんと遊ぶ姿は、その容貌も含めて丸きり老人にしか見えないが、当時の50代前半の男性はだいたいあのようなイメージで捉えられていたのである。

また、小津安二郎監督の映画『晩春』（１９４９〈昭和24〉年）でも、笠智衆演ずる父親が「お父さんはもう56だ。お父さんの人生はもう終わりに近いんだよ」などと話すシーンが出てきたりしている。しかし、将来が不安だらけの現代の若者たちからすれば、当時の老後生活は（寿命を除けば）相当に羨ましいものにも思えていることであろう。

社員がよく「能なし」「月給ドロボー」と罵られていた

昭和の頃は、今でいうところのパワハラ当たり前で、営業成績の悪い奴がソロバンや平手で叩かれるのは普通の光景だった。また、上司から「能なし」「バカ」「月給ドロボー」などと罵倒されることもよくあった。そのほか大企業などでも、辞めさせたい社員がいる際には壮絶な嫌がらせが行われたりすることがあった。

森村誠一の小説「〝企業タコ部屋〟憤死事件」

（１９７２〈昭和47〉年：『黒の事件簿』所収・講談社文庫）にも登場するが、机と電話以外何もない部屋に閉じ込めて監視し、仕事を一切与えないなんて方法を採る会社も実際に存在していたのである。中にはうつ病になったり、自殺したりする人もいたが、当時は本人の責任とされる傾向が強く、訴えられることはほとんどなかった。

会社員たちがとんでもない長時間労働を強いられていた⚠

高度成長期のモーレツサラリーマンたちは、とにかくメチャクチャに働いていた。週休１日の時代、「早朝から深夜まで働きづめ」という人も多く、日曜日に社長や上司の家に手伝いに行かされたりする話もよくあった。少し前、筆者がある食堂に入った時、テレビで「過労死」のニュースが報じられていたのだが、それをみていた70代後半とおぼしき男性３人が、口々に「俺らの頃なんてもっと働いていたよなぁ」「時間外なんて毎月１７０〜１８０時間が当たり前だったし。日曜もしょっちゅう働いてたしな」「今の若い奴らは弱いなー」等々笑いながら話していた。ただし、仕事の密度が全く違うため、これも一概には比較できない。銀行などでも、ソロバンで仕事をしていた頃は過労で倒れたり死んだりする話はほとんど聞かれず、そうしたことがよく起こるようになったのはＰＣが導入されて以降のことなのである。

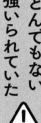

週休2日制がなく、どの会社や学校でも「土曜は半ドン」だった

昭和期は、会社も学校も土曜日は半日（午前中のみ）が普通だった。会社では、「働きすぎ」への批判や、作業効率の悪さから次第にその慣習は消え、平成に入ると「週休2日制」は当たり前のようになっていった。学校では1992（平成4）年から月1回の土曜休業が導入され、2002（平成14）年からは完全週休2日制となっている。

喜んでいる人が大半だったが、一方では「半日の日独特の、あのノンビリムードや午後の解放感が良かったのに」といって、消滅を惜しむ人も意外と少なくなかった。

「サボリーマン」があちこちにいた

昭和のサラリーマンは勤務時間が長かったが、その分かなり仕事の中身はユルかったりした。今のようにGPSで位置情報を知られるということもなかったので、外回りの営業マンの中には「サボリーマン」もたくさんいた。一番彼らの姿が多くみられたのはパチンコ屋で、昼間に行くと足元に営業カバンを置いている男がズラリと並んでいたりした。

ほか、大きな都立公園や区立公園の脇などでは車を停めて昼寝している者も多かった。サウナに行っているケースもあったが、そうした人は会社に戻って来た時、顔がツルツルテカテカだったりするので、だいたいはモロバレ状態であった。

しかし、当時はサービス残業も普通になっていて、「仕事の成果は二の次、とにかく長く会社にいる奴がエラい」みたいな風潮もあったので、ギチギチの密度で仕事なんかしていられない、というのもたしかにあった。ある意味、それで適当に調整ができていたとも考えられるし、必ずしもサボりは悪いことではなかったといえるのかもしれない。

「女性は25歳で定年」という会社が多かった ⚠

1964（昭和39）年12月17日付読売新聞朝刊には、「『職場の花』に冷たい風　ふえる25歳定年制　女子大生も『お断り』」という、現代では到底考えられないような記事が掲載されている。少々長くなるが、引用する。まずリード文は次の通り。

「［前略］〝女性ボイコット〟ムードが、一流大会社の間で、最近とみに高まってきた。［中略］女性は二十五歳を限度にして作業能率がぐっと低下し、また初任給の高い大学卒業生を採用するのは、経営的にマイナスだというのが、経営者側の言いぶん。［中略］日本生産性本部では『現代はもう〝職場の花〟を必要としていない。来年以降は女子の定年制を実施する会社が、どっと増えるだろう』と見ている」

これに続く本文も驚くような内容で、「女子社員の二十五歳定年制が注目され始めたのは、広島市の中国電力が組合側と協定のうえ、ことし十一月初め、定年制実施に踏み切ると発表してからだ。［中略］これに同調しようという会社も多く、特に映画、デパートなどのサービス関係では、わざわざ中電の本社や支社に、人事担当者を〝勉強〟に出向かせている。［中略］日経連では『経営の合理化と職能分化にともなう必然的な現象だ』という。つまり、お茶汲みとか客の接待しかしない補助業務員や、単純な作業をくり返すキーパンチャー、オペレーターなどは二十五歳という壁にぶつかったとたん、仕事にあきがでてなまけはじめる。だから給料の安い若い人と早めに切り替えた方がいい、というわけだ」となっている。

しかし、実態としては要するに「社内を若い、可愛い子だらけにしたい」ということに過ぎなかった。実際、昭和の時代は大手企業の人事部でも、「年増が増えると、あとがつかえて若い子がその分入って来なくなる」などと、平気で話したりしていたのである。

こうした考え方は昭和中期〜末期になってもまかり通っていて、例えば森村誠一の短編小説「あるOLの復讐」（1972〈昭和47〉年：『黒の事件簿』所収・講談社文庫）の中でも、「女性が就職する動機のほとんどは、社会見学と、将来の夫探しである。最初から会社に骨を埋めるつもりで入社して来る女性は皆無といってよい。／もしそういう女性がいたとしたら、それは女性ではなく、〝女類〟と称したほうがよいかもしれない」などと書かれたりしているのである。

また、女子社員の制服はだいたい20代前半くらいの女性を基準とした可愛いデザインにされていることが多かった。これも、年を重ねるにつれて似合わなくなってきて、会社にいづらくするための仕掛けであり、そのため年齢の上がった女子社員はみな、「似合わなくなったんなら悟れ、考えろ」という無言のプレッシャーを受け続けていたのである。

男女は賃金にも差があり、女性社員は「男性社員のお嫁さん候補」となっていたため、大半の企業では「容姿第一」による採用が行われていた。27～28歳くらいになっても結婚しない女性は、「オールドミス」「ハイミス」と呼ばれて社内でも笑い者にされており、未婚の女性が人事部の人間から「君は『女の幸せ』をどう考えているのか」と説教されたり、「早く結婚しろ」などと迫られたりする話もよくあった。

女性向けの求人広告で「容姿端麗」が条件になったりしていた ⚠

現在なら信じられないような話であろうが、昭和の求人広告では女性に対して「容姿端麗」を条件にしているものがよくみられた。

1967（昭和42）年からは外されたものの、JALのスチュワーデス（現・女性キャビンアテンダント）の募集要項でも毎年明記されていたし、その後も多くの人前に出るような職業や、社長秘書などではこの言葉が普通に使われていた。そのほか、会社のトップや人事部で、「やっぱりどうせ採用するなら美人の方がいい」「その方が早く売れる（結婚する）し、それでまた若い子が入れられる」と判断して、仕事に関係なくても採用条件にする会社も少なからずあったりした。

なお、これについては、1970（昭和45）年4月11日付読売新聞朝刊の投書欄でも、「それはある会社の電話交換手の募集広告だったが、『身長1メートル53以上、眼鏡不可、容姿端麗』という採用条件である。デパートの店員や秘書、ウエートレス、レジスターなどならまだしも頷けるし、交換手に声のよしあしをいうのならともかく、姿が見えるわけでもないのに『容姿端麗』とはどういうわけなのか、全くわからない」（原文ママ）なんて疑問を投げかける投書が出ていたこともあった。

また、この投書にもあるように、当時は「女性はメガネ不可」としている企業もあった。1960〜1970年代頃は、少女漫画でも「メガネを取ったらアラ美人」というパターンがよくあったのをみても分かるとおり、メガネは結構なハンディキャップとされていて、「メガネ女子＝ブス」とのイメージが定着していたのである。

今は募集要項で容姿どころか、性別や年齢を条件として掲載することまで基本的には不可となっている。しかし、面接でそれほど差がなければ、やはり可愛い子の方を選ぶ、というのはおそらく依然として行われているに違いないのだ。

余談ながら、今ではハローワークの求人票でも性別・年齢が条件欄に記載できなくなっているが、実際中年男性などが問い合わせてみると、「規則で書けなかったけど、本当は30歳までの女性を募集しているんだよねぇ」なんていわれることがよくあるという。「ちゃんと本当のこと書いてくれてる方がよっぽどありがたい」なんてコボしている人も多いようで、これではまったく意味がないというほかないであろう。

第4章　交通――ルール無用の世界

ラッシュ時間帯が弱肉強食の世界になっていた

昭和50年頃までは、東京23区内などでも整列乗車はほとんど行われていなかった。ホームでもサラリーマンらはただ適当に並んでいるだけ。電車も停車位置が毎日微妙に違ったりするため、目の前にドア部分が停まると、「今日はラッキー」などといっていたのである。また当時は、「降りる人が先」などというルールもなかったため、押し戻されて下車しそこなう人もたくさんいた。

ラッシュ時の乗車などはまさに弱肉強食の世界。力の強い男性が最優先で乗れることになっており、女性や子供、障害者などがはじき出されることも多かった。通勤時間帯には誰もが「俺さえ乗れればいい」と思っており、みなが1つのドアに向かって突進する姿は、さながら芥川龍之介の『蜘蛛の糸』のようであった。しかし、駅や鉄道会社に苦情や意見をいう人などはおらず、乗車しそこなっても、「弱かった自分が悪い」として自身を責めているケースが大半だった。

電車も今と違って短い編成のものが多く、輸送力が低かったため、都内では「乗車率300％」などという状態も普通だった（よく「酷電」などとも呼ばれた）。駅ではドアのそばで客を押し込む「尻押し」がよくなされていて、学生のアルバイトも大量動員されていた。窓ガラスが割れることもしばしばあったが、応急処置としてセロテープで貼り付けただけで、どの鉄道会社もそのまま運行させていたのだから、凄い時代である。

通勤ラッシュ時の新宿駅のホーム風景。電車のドアが開くと、そこへ一斉にサラリーマンらが群がっていた　写真：AP／アフロ

ストライキシーズンになるとよく電車が止まっていた ⚠

国鉄は１９８７（昭和62）年に分割・民営化されているが、それまではストライキ（事実上）がよく行われていて、シーズンになると電車が動かなくなるため、サラリーマンたちはみな線路の上を歩いたりしていた。なお、当時国鉄職員はスト権が認められていなかったため、安全のために認められている行為を逆手にとって、過剰な遅延を発生させるという方法が採られていた（＝順法闘争）。最もひどかったのは１９７５（昭和50）年11月26日〜12月2日の「ストライキ権奪還ストライキ」で、この時には20万８５０９本のうち18万３８３３本が運休、延べ約１億５千万人に影響が出ている。

乗客たちの不満ももちろん毎回高まっていて、１９７３（昭和48）年３月には、埼玉県上尾市の国鉄・上尾駅で大暴動が発生したこともあった（上尾事件）。

また、国鉄が分割・民営化された際には、「国鉄（近郊区間）電車」の意味で使用されていた「国電」に代わる略称が検討され、この時には「E電」と「首都電」が最終候補として挙がったものの、「首都電」は『スト電』と揶揄される恐れがある」として退けられたりしていた。ちなみに、この時採用された「E電」は最初からまったく定着せずに終わっている。

今、駅は年間を通じて至って平和となっており、若者であればストや暴動やE電論争など誰も想像さえつかないようだ。鮮明に記憶しているのは、おそらく当時散々ひどい目に遭わされた世代だけなのであろう。

駅に「タンツボ」が設置されていた

昔はなぜか、どこの駅でも必ずホームには、タンを吐くための「タンツボ」（ホーロー製）なるものがあった。考えるだけでも食欲がなくなってきそうな感じだが、高校生くらいだとよく罰ゲームでそれを覗く、なんてことをさせられている連中もいたりした。処理していたのはおそらく新人駅員だったはずであるが、彼らもさぞや嫌で仕方なかったことであろう。

しかし今になると、なぜあんなものが大量に存在していたのか、それ自体が非常に疑問にも思えてくる。ただ、たしかに昭和50年代前半くらいまでは、道やホームに「カーッ、ペッ」とか音を立てながら、タンを吐く人は多かった。これについては、「当時はまだ大気汚染がひどかったため」とする説も一部では有力になっているようだ。あのような姿をみかけなくなってから久しいが、現在では健康状態や体質が変わると同時に、マナーも随分と変わってきているということにはなるのであろう。

列車のトイレが垂れ流し式だった

トイレは穴が開いているだけで、列車はそこから糞尿を撒き散らしながら走行していた。トイレに入ると、穴からそのまま線路がみえたりしていたのである。列車の走行中以外は使用しない決まりとなっていたが、それを知らなかったり、どうしても我慢できずに駅停車中に用を足してしまったりする人も時々いた。当時は、向かいのホームに停車中の列車のトイレのあたりから排泄物が出てくるのがみえて、「わっ」となることも珍しくはなかったのである。

また、線路際にある民家などは、よくみると障子や網戸が黄色いシミだらけになっていることがしばしばあった。しかし、当時の人々は庭や、時には茶の間にしぶきが飛んできても、諦め半分でそれを受け入れていたのである。当然のことながら、線路も排泄物だらけで、列車通過の際には霧のようになってそれが撒き散らされたりもしていた。ああなると当時の保線作業員などは、おそらく相当苦労したに違いあるまい。

各地で夜行列車や変な車両がたくさん走っていた

かつては東京発大垣行き・新宿発松本行きなど夜行の普通列車もたくさんあり、ブルートレインだけでなく、「からまつ」（小樽〜釧路間）、「山陰」（京都〜出雲市間）、「はやたま」（天王寺〜名古屋間）などの寝台普通列車も存在した。また、昭和の特急・急行列車にはだいたい「食堂車」や「ビュッフェ（軽食堂）」が連結されていた。中には奇怪な店もあって、例えば新宿発の急行「アルプス」には、「アルプスそば」という立ち食いソバの店が設けられていたし、山陽地方を走る急行「安芸」や急行「せっつ」（東京～大阪間）、「いこま」（同）には寿司カウンターが併設されていたりした。国鉄時代の車両には、とにかくやたらと意味不明なものだらけだったが、鉄道ファンにとってはそこがまた、たまらない魅力にもなっていたようだ。

デッキの開いている列車があって時々転落事故が起きていた

1972（昭和47）年に日本レコード大賞を受賞した、ちあきなおみの大ヒット曲『喝采』（吉田旺作詞・中村泰士作曲）では、「**止めるアナタ駅に残し／動き始めた汽車に／ひとり飛び乗った**」という歌詞があって、若い世代はよく「汽車が動き始めているのに、どうやって飛び乗るんだ？」と不思議がっていたりするのだが、実は昭和期にはドアが手動で、事実上開きっ放しになっている客車がいっぱいあったのだ。

そのため歌詞の通り、動き始めたところで走って行って飛び乗ったり、完全に止まっていないのにホームに飛び降りたりする人もよくみかけられた。開きっ放しのデッキは風が入って気持ちがいいので、そこに立つことを好む乗客も多かったし、そうした列車はたいてい後部デッキも開きっ放しになっているので、走行中後ろに流れて行く線路を眺めるのを楽しむ人もいっぱいいた。

「危なくないのか？」という疑問は当然出てくるであろうが、実際のところ転落事故は決して少なくなかった。有名なところでは、1956（昭和31）年に、『春の海』を作曲したことでも知られる宮城道雄がデッキから転落して死亡しているし、昭和後期頃でも、鉄道マニアなどが身を乗り出して写真撮影をしているうち、誤って転落……なんてニュースがたまに報じられていた。

しかし、当時はみな「落ちた側のミス」としか考えていなかったため、まったく問題にもならず、責任ウンヌンなんて話が出ることもなかった。このあたりは、現在と比べても人々の意識が相当異なっていた、ということにはなるのだろう。

電車内ではみなスポーツ紙や文庫本、漫画を読んでいた ⚠

今はスマホをみている人だらけで、ほぼみかけなくなったが、昭和の時代は電車の中でみな新聞や週刊誌、文庫本などを読んでいた。ラッシュ時間帯は新聞を小さく折って読むのがマナーにもなっていて、ホームでは買ったばかりのスポーツ紙を前もって折りたたんでいるサラリーマンの姿もよくみかけられた。

読み終わった雑誌や新聞は網棚に置いていくケースが多く、後から乗った人がそれを取って読むのも当たり前の光景となっていた。そのため、昭和の終わり頃には、網棚にある雑誌の上に自分の糞便を置いておき、それを取った人の頭に落下させるという、変なイタズラを仕掛けた人間がいて、ワイドショーで盛んに報じられたりしていた。

また、電車が終点に着くと、車内を端から端まで歩いて網棚の新聞・雑誌を拾い集め、近くの歩道上で安く売ったりしている連中もいた。定価の数分の一だったりするので、結構ありがたかったのだが、たまにページの間にタンやガムが吐かれてあったり、人気女性タレントのグラビアやエロ系のページだけ破り取られていたりするため、購入した人も時にはガッカリさせられていたようである。

年末年始になると道路が酔っ払い運転の車だらけになっていた ⚠

今では考えられないことだが、昭和40年代前半くらいまでだと、地方の町などでは忘年会・新年会シーズンの夜は酔っ払い運転だらけになっていた時があった。地方では他に交通手段がなく（もちろん当時は「運転代行」なんて商売もない）、厳しく取り締まれば各店舗にとって死活問題にもなるため、警察も泥酔でない限りは大目にみていたのである。実際、筆者の年上の知人も、「あの頃は大らかなモンで、ひどく（酔って）なければ車止められたって、『あんまり飲み過ぎないようにね』『気をつけて行きなさいよ』なんていわれるだけだった」と証言している。

また、昭和中期の某有名事件の記録をみても、警察の検問で怪しい車が引っ掛かったものの、「ただの酒を飲んでの帰り道であることが分かったため、そのまま帰宅させた」なんて記述が残されたりしているのである。

そもそもそれ以前に、警察自体が忘年会・新年会シーズンにはよく酒を飲んでおり、幹部たちはあらかじめそうした日には取り締まりを行わないよう通達を出していた、なんて噂もよく聞かれた。

だが、次第に車社会になって交通量が増え、事故も多発するようになると、取り締まりはどんどん厳しくなっていった。法律面での厳罰化も進められ、2007(平成19)年6月1日以降は、酒酔い運転の違反点数が35点(一発で免許取消)となり、免許欠格期間も3~10年に延ばされた。また、同年9月19日には道路交通法改正施行により、刑事罰も「5年以下の懲役又は100万円以下の罰金」、酒気帯び運転でも罰則は「3年以下の懲役又は50万円以下の罰金」となっている。

かつては「交通戦争」(※P64)などといわれ、多くの交通事故死者数が記録されていた時代があったが、もちろんそれは当時の酔っ払い運転取り締まりのユルさなども一因になっていたに違いないのである。

自動車教習所の教官がメチャクチャ怖かった

昭和の時代の自動車教習所には、運転ミスをすれば頭をはたいたり、「バカ、何度いったら分かんだ！」と怒鳴りながら足を蹴飛ばしたりするような教官がたくさんいた。かつての教習所は殿様商売で、そこに通う人々は、「免許を取るまでは、ひたすらガマン、ガマン」の日々を過ごしていたのである。

そのため、「教官たちが優しい教習所はどこか」ということもよく話題になっており、遠くてもそうした評判の教習所に通う若者が少なくなかった。

しかし、現在は少子化が進み、若者の車離れも顕著になっているため、どこの教習所も生き残りをかけて必死になっており、そんな光景などまったくあり得なくなっている。近年、「ほめちぎる教習所 伊勢」などでは、「日本ほめる達人協会」が主催する「ほめ達！検定」の資格を全インストラクターが取得していることをセールスポイントとしている。昭和世代にしてみれば、「あの頃の苦労は一体何だったんだ……」と思える話であろう。

ノーヘルでバイクに乗れた ⚠

事故を怖れてヘルメットをかぶる人ももちろんいたが、「暑苦しい」「頭が蒸れる」といってノーヘルで通す若者も少なくなかった。

１９７５（昭和50）年～１９８５（昭和60）年に『週刊少年チャンピオン』（秋田書店）で連載されていた人気漫画『７５０《ナナハン》ライダー』（石井いさみ作・画）でも、主人公の早川光は最初の頃ノーヘルで運転しているし、後ろに同じくノーヘルの彼女（?）を乗せたりもしている。

バイクに乗車する際のヘルメット着用については、１９６５（昭和40）年に高速道路でのヘルメット着用努力義務（罰則なし）が規定されたのが始まり。その後、１９７２（昭和47）年からは最高速度規制が40kmを超える道路でのヘルメット着用が義務化されたが、罰則はなく、しばらくは警官に止められても注意だけで済んでいた。そのため、当時のバイクにはヘルメットホルダーすらな

かったりした。原付も含めてヘルメット着用が完全に義務付けられた（※罰則付き）のは、１９８６（昭和61）年からのことである。

第5章　女性——差別もセクハラも放ったらかしだった頃

女性は24歳が旬とされ「クリスマスケーキ」といわれていた⚠

昭和の時代は23～24歳が女性の「結婚適齢期」とされており、よく〝クリスマスケーキ〟にたとえられていたりした（24が一番高く売れ、25になるとピーク過ぎの「売れ残り」で、あとは「投げ売り」状態になるの意）。女性は学校を卒業して2～3年、「お茶汲み、コピー取り」をするだけの「腰掛け就職」をし、最後は寿退社するのが普通だった。結婚後は専業主婦になるのが当然とされており、ゆえに結婚は「3食昼寝付きの永久就職」とも呼ばれていたのである。

当時は若い女性だと、無職でも「家事手伝い」という肩書がつけられ、メディアでも「職業」として普通に紹介されていた。20代前半くらいだと

「仕事はもうやめています」「今は実家にいて家事を手伝っています」と話しても、「花嫁修業中か。それはいいね」などといわれるだけだった。しかし、当時は女性の定年を25歳で設定している会社が目立っていたこともあり（※Ｐ１５３）、「25歳」は大半の女性から「大きな壁」として意識されていた。

昭和期には化粧品「マダムジュジュE」のCMでも「私は25……今日から25……」という悲しげなメロディが流れ、「25歳はお肌の曲がり角」とのナレーションも入ったりしていた。さらにはポスターでも「25歳以下の方はお使いになってはいけません！」となっていて、のちには25歳以下を対象とした「ミスジュジュ」という商品が発売されたこともあった。「25歳＝既婚」「25歳以下（未満）＝未婚」を前提にしている商品名そのものが凄いのだが、昭和期ではそれがごくごく普通に受け入れられていたのである。

25歳でさえそんなありさまだっただけに、女性の場合30過ぎて独身だったりすると、男性よりははるかに肩身の狭い思いをするケースが少なくなかった。どれだけ仕事で素晴らしい成果を上げたとしても、「しかし、彼女は一方で『女としての幸せ』は摑めなかった」などと結論付けられ、結局は「悲しい女、残念な人生」とされて終わりだったのである。

痴漢が犯罪扱いされていなかった

電車の中などは痴漢天国で、女性のお尻や胸を触っているオジさんがそこいら中にいた。当時としても一応犯罪ではあったのだが、「立ち小便」と同じような扱いで、世の人々にも「軽犯罪」「ちょっとしたイタズラ」程度にしか思われていなかったのである。そのため、現代のように警察が出動、などということはめったに起こらず、女性が駅で訴え出ても、駅員が「コラッ」と叱るか、「オジさん、やめてあげなよ」というだけで終わりになっていた。

また、平成初期頃には、38年間かけて電車内で延べ数万人の尻を触ったという男が体験談を出版して、ちょっとした痴漢ブームが起きたこともあった。自称「痴漢プロ」の某氏は、バラエティ番組にも登場しており、痴漢の手口を滔々と語ったあとでは、芸能人に「これからも頑張ってくださ い!」と励まされたりしていた。

それより少し前になるが、昭和50年代、筆者がある飛行機に乗った時には、機内で宴会状態になっているツアー団体がいて、スチュワーデス（現・女性キャビンアテンダント）が通路を歩いている途中、その尻を触るため一斉に手が伸びたりしていたのも覚えている。しかし、当のスチュワーデスはその際も、『ちっ、しょうがねーなー……』という感じで、仏頂面のままで通り過ぎたりしていた。

筆者が小学生だった40年代には、電車で痴漢被害に遭っていたらしき女性が「やめてください」と声を上げ、それに対して男が「テメェみたいなブスに、誰が触るか！　ガタガタいうんなら降りろ！」と怒鳴っていたのも記憶している。その時も、やはり女性は何もいい返せず、シュンとした顔のまま次の駅で下車していた。最近の警察ＴＶ番組では、痴漢が鉄道警察隊に引っ張られて行く姿が定番となっているが、今思えばやはりあの頃はまだまだ男が強かったのだ。

ちなみに、１９８６（昭和61）年にはおニャン子クラブが「無実の男の子を痴漢扱いして、ストレスを解消しよう」（要約）と歌う、『おっとＣＨＩＫＡＮ！』（秋元康作詞・長沢ヒロ作曲）という曲があったが、これももちろん今では放送禁止扱いとなっている。

女性が「女言葉」を使っていた

今は、若い男女とも言葉遣いがほとんど変わらなくなってしまったが、昭和中期までの女性は、「女言葉」を多用していた。昭和30年代の映画ＤＶＤなどをみるとよく分かるのだが、女性はみな「……だわ」「……よ」「……してちょうだい」「……しなくてもよくってよ」などと話していたのである。女子高では、言葉遣いに対する教育が厳しくなされており、一般社会でも言葉の荒い女性は、「そんな男みたいな言葉を使っていると、お嫁に行けないぞ」などとよくいわれていた。

また、昔は家庭でも、10代の娘が男性同様の言葉遣いをしていると、親たちはみなキツく叱っていた。おそらく今の若い女性であれば、「一体どこが、なぜいけないのか」ということ自体、まったく理解不能であろう。

非処女が「キズモノ」と呼ばれていた

昭和中期まで、女性は処女のまま結婚するのが一般的で、そのため男性経験がある女性は「キズモノ」「お嫁にいけない体」などと呼ばれていた。新婚初夜で出血しなかった女性は、夫に性経験を疑われて離婚されることもよくあり、時おりはそれが原因で自殺する人さえいた。新聞や雑誌の人生相談欄にも、「以前あやまちを……」「黙ったまま結婚してしまったが……」等々の相談がよく寄せられていたが、当時の回答者の対応は厳しく、「夫にすべてを打ち明けろ」「過去の経験を隠すな」といった答えが大半であった。また、その頃は「処女膜再生手術」を受ける女性も少なくなかったが、そうした女性たちは「過去を偽り、夫を騙そうとする悪女」として、しばしば非難の対象とされた。

なお、どうでもよいような話なのだが、かつては『週刊宝石』（1981〈昭和56〉年～2001〈平成13〉年：光文社）という雑誌が発売されていて、そこには「処女探し」（女性たちの写真の中で「処女」と自己申告している人を当てるクイズ）という名物コーナーがあったりした。大学時代、筆者が当時仲の良かった友人のアパートに遊びに行き、夜一緒にコンビニに出掛けたりすると、彼は必ず棚から『週刊宝石』を取り出し、「処女探し」のページだけをみてまた元に戻したりするのだった。40年以上たってもあの光景は忘れられず、未だに筆者は思い出すたび笑いが込み上げてきて困ったりもしているのである。

かつてはミニスカートが存在していなかった

日本でミニスカートが定着したのは、１９６７（昭和42）年10月にイギリスのモデル・ツイッギーの来日によるブームが起きてからのことだった。それまで足を見せることはハシタないとされており、成人女性であれば日常でも着物を着ていることがよくあったりした。当時の思い出として、タレントの芳村真理は「昔は、ＴＶで膝を見せただけで1時間半抗議の電話が鳴りっ放しになった」と語っている。

ツイッギー来日以降は美空ひばりがミニスカート姿で『真っ赤な太陽』を歌ったり、１９６９（昭和44）年に佐藤栄作首相の訪米に同行した寛子夫人が当時62歳でミニスカートを着用したことなどが大きな話題になったりした。また、ＪＡＬでもスチュワーデス（現・女性キャビンアテンダント）の制服で1970（昭和45）年から5代目の制服として約7年間ミニスカートが採用された。

しかし、1973（昭和48）年にオイルショックが起きた頃からは、ミニスカートは急速に姿を消すこととなり、「ブームの終焉」といわれたりした。その後昭和50年代半ばからは復活し、バブルの頃には超ミニも登場している。そのため、景気とスカート丈の関係がよく指摘されたりもしていたが、近年ではもはやほぼ関係なくなっているようである。

制服では、1970年代後半から平成初期にかけて、不良女子生徒がこぞって長いスカートを着用したこともあったが、その後は逆にそうした生徒の方が超ミニを好むようになった。

1990年代中盤以降は、一般の女子高生らの多くも制服のスカートは短く丈詰めしたり、ウエスト部分で折ってベルトでとめたりなどしている。彼女たちの悩みは「短いスカートをはいていると、男性がイヤラシイ目でみてくる」ことのようで、新聞にそうした投書が出ていたこともあったが、そうなると必ず男性側からは「嫌ならはかなきゃいいのに……」というツッコミが入ったりする。議論自体が最初からまるで嚙み合っていないのだが、こうしたすれ違いが解消されることはおそらく永遠にないのであろう。

⚠「セクハラ」という概念がなかった

どこの会社でも、女子社員のお尻を触りまくる「エッチおじさん」が必ず何人かいた。また、女子社員は社内旅行に行けば、上司にチークダンスを強要されたり、お酌をさせられたりするのが普通だった。色っぽい女の子の場合は、毎日朝から夕方まで触られ続けたりするので、さすがに耐え切れなくなって上司に訴えたりしていたが、逆に「それも給料のうちなんだぞ」「触られるうちが花だと思え」などとネジを巻かれることが多かった。

現在は「彼氏はいるのか」とか「結婚しないのか」などと聞くだけでもセクハラ扱いになったりしているが、昭和のオジサンにとっては「え？　そんな程度で？」「ウソだろ」としか思えず、ほぼ理解不能であるようだ。

⚠「ストーカー」という概念もなかった

昭和の頃は「女を口説くなら、一押し、二押し、三に押し」とよくいわれ、それを実践する人もたくさんいた。ドラマ・漫画等では、片思いの女性宅前に雨の日も風の日も立ち続ける男が「一途な人」「ひたむきな人」と表現されたりしていた。

また、雨の中でびしょ濡れになりながら、部屋の下に立ち尽くす男の姿をみて根負けした女性が、外に出てそっと赤い傘をさしかけたりする場面もよく描かれていた。

そうした人々が恐れられるようになったのは1990年代半ばに「ストーカー」という言葉が浸透して以降のことで、その後はそんな男が現れればすぐに警察に通報されるようにもなっていった。「ストーカー行為等の規制等に関する法律」は、1999（平成11）年に発生した「桶川ストーカー殺人事件」を契機として議員立法され、2000（平成12）年11月24日に施行されているが、今も各地で悲劇は後を絶たないようである。

なお、「ストーカー」というと一般には男のイメージが強いが、もちろん昔から女性のストーカーも存在する。ただ、それも若かったりすると、「いじらしい」などと思われることが多く、ほとんど問題にはされなかった。

歌の世界でも『まちぶせ』（1976〈昭和51〉年：荒井由実作詞・作曲、石川ひとみ歌）というヒット曲があったが、これも当時のことで、しかも石川ひとみならかなり可愛く聴こえたりもした。だが、一方で1970（昭和45）年には『お願い入れて』（藤本卓也作詞・作曲、操洋子歌）という凄いタイトルの曲があって、これなどは歌詞が「**お願い入れて／お部屋の中へ／私をどうぞおい帰さないで／一目お逢いしたくて／恥じらい忘れ／この雨の中を訪ねて来たの**（中略）**私をなぜに入れてくれないの**」となっていて、かなりオドロオドロしい雰囲気の曲となっていた。

ストーカーも、日本でしかも女性の場合となると、何となく怨霊が取り憑いてくるみたいなイメージがあったりするのだが、これはおそらく江戸期以来の怪談なども少なからず影響しているのであろう。

女性が髪を染めるのは「転落の第一歩」と考えられていた⚠

今は髪を染めることもおしゃれとしてすっかり定着しているが、昭和の時代では黒髪は女の最大の魅力の一つとされており、わざわざ好きこのんで染める女性など皆無に近かった。茶髪にしていたのは、一部芸能人や水商売関係者等だけで、そのため髪を染めるのは「不良化」「転落の始まり」とも考えられていたのである。女性が髪を染めると町中の噂になることもよくあり、実際に街角ではオバサン連中が、「○○さんとこのお嬢さん、髪染めてたわよ」「まぁ、嫌だ！　昔はいい子だったのに……」などと話している光景も時おりみられた（現在であれば、他人の髪色などよほどのことでもなければ、話題にすらならないであろう）。

社会人でもこの調子であっただけに、高校などでは認められるはずもなく、茶色に染めれば即職員室に呼び出されて、「今ならまだ間に合う、早く真人間になれ」「両親は泣いてるぞ」などと説教されたりした。厳しい私立ならば即退学であったし、中には地毛が茶色や赤っぽい子に無理やり黒く染めるよう指導する学校もあった。茶髪が一般化したのは、バブル頃に渋谷ギャルなどが登場し、さらにそれから少し経った頃からのことである。

女性でも髪を洗うのは週1回が一般的だった

女性の洗髪は多量の湯を使うため、1972（昭和47）年までは、全国の銭湯で洗髪料金を設定していた。女性は洗髪するときは、別料金を番台で支払い、「洗髪札」を受け取って洗い場の自分の前に置いたりしていたのである。

昭和40年代では女性の洗髪回数は「週に1回」が大半だったとされるが、昭和50年代からは内風呂や湯沸かし器の普及等からその回数は急激に増加していった。

1976（昭和51）年3月発売の花王「フェザーエッセンシャルシャンプー」CMでは、当時16歳のタレント・林寛子が「毎日シャンプーしてもいいくらい」といっており、雑誌等の広告でも「毎日シャンプーしたっていいんです。」とのコピーが付けられた。さらには、1983（昭和58）年にも歌手の中森明菜が同じシャンプーのCMで、「不思議だね。毎日シャンプーするのが怖い女の子、まだいるんだって！」「信じられる？　ティーンの2人に1人は毎日シャンプーしてるって！」と話す場面があった。

1986（昭和61）年には、資生堂から朝用のシャンプー「モーニングフレッシュ」が発売され、「朝シャン」ブームも到来。今の女性であれば、毎日洗髪しない女性の方が珍しいであろうし、ましてや昔は週一だったなんて聞けば、逆に「それで平気だったの?」とでも思うのではないだろうか。

第6章 メディアと芸能界
——規制ユルユル、何でもやり放題

幼女ポルノ雑誌や盗撮雑誌が普通に販売されていた

昔は幼女の裸自体が問題にされておらず、かつては花王石鹸のCMでも全裸の幼女が映し出されていたし、お風呂で遊ぶためのオモチャの箱にも幼女の裸体写真がよく出ていたりした。当時はロリコン変態の存在など知られていなかったし、こんなもので変なこと考える奴はいないだろうと思われていたのである。

そのため、「ヘア解禁」になるまでは、陰毛さえ写らなければＯＫであったことから、逆に幼女の性器までが丸出しになっている写真集などが盛んに販売されたりしていた（今なら法律上、所持しているだけでも違反である）。

また、スカートの中や女子トイレ内を盗撮して投稿し、採用されると賞金が出る雑誌もあって、そうしたものが普通にコンビニで販売されていた。「盗撮」という言葉も浸透していなかったため、女の子たちもみな無知で、海辺やプールで女性の水着姿をデカいカメラで撮りまくっている男がいると、「あっ、カメラマンのオジさんだ！ 撮って、撮って！」などと言って、ピースサインをしながら取り囲んだりしていたのである（変質者が「水辺の人気者」というのも、あの頃ならではの話）。これも、今であれば数分内にライフセーバーや警察官たちが駆けつけてくるのは必至であろう。

そのほか、甲子園等では、ローアングルでチアガールを撮りまくるオジさんも大量発生していたが、昔はテレビの高校野球中継でも普通にチアガールは下から映しており、特に問題にはなっていなかった。そもそも、チアガールはもともと「みせパン」をはいてミニスカ姿でキックしたりするものであって、問題にすること自体が極めて矛盾していたし、ニュース等でもそうした姿はしばしば「健康的なお色気」などと表現されていたのである。

なお、これについては1978（昭和53）年8月15日付読売新聞朝刊で、初めて「おじさんアッーイ　肉薄カメラ、チア嬢困惑」との記事が掲載されたが、そこでもまだ「主催者の高野連では〔中略〕『連盟としては規制する方法がない。学校関係者になんとか努力してもらうほかない』と、お手上げの状態」などと書かれたりしている。本格的に表面化したのは平成ひと桁あたりからのことで、その頃にはローアングルオヤジらが応援団の男たちに袋叩きにされる事態が頻発し、以後それらは完全な「変態行為」「悪事」とされていったのだった。

1981（昭和56）年には『アクション・カメラ術　盗み撮りのエロチシズム』（馬場憲治著・KKベストセラーズ）がベストセラーになったこともあったが、やがては許可なく水着やミニスカート姿の女性などを撮影することもすべて犯罪とされるようになり、すぐさま警察が出動する世の中へと変化している。これほど短期間に人々の意識が180度変わったケースは珍しいのだが、逆に考えればむしろ昭和期の寛容さの方がトンデモレベルだったということにもなるのだろう。

差別用語が普通に使われていた

差別用語という概念がなく、キ●ガイ、コ●キ・カ●ワ等々の言葉が、TVや新聞、雑誌、映画でも普通に使われていた。『め●らのお市』（シリーズ：1969〈昭和44〉年～1970〈昭和45〉年、松田定次・市村泰一監督）という大ヒット映画もあったし、人気漫画『巨人の星』（講談社『週刊少年マガジン』連載、梶原一騎作・川崎のぼる画、漫画：1966〈昭和41〉年～1971〈昭和46〉年・アニメ：1968〈昭和43〉年～1971〈昭和46〉年等）では「俺の父ちゃんは日本一の日雇い●夫です！」というセリフが登場、『あしたのジョー』（講談社『週刊少年マガジン』連載、高森朝雄作・ちばてつや画、漫画：1968〈昭和43〉年〜1973〈昭和48〉年・アニメ1970〈昭和45〉年〜1971〈昭和46〉年等）では丹下段平が「メッ●チ」と呼ばれたりしていたのである。また、1974〈昭和49〉年に放送され、近年ネットで大ブームとなっているアニメ『チャージマン研！』では「恐怖！精神病院」（第23話）という回も存在する。しかも、そこでは狂人がひと部屋に集められ、鍵を持った看守が「出るんだ、面会だ！」と言ったり（刑務所じゃないんですが……）、主人公の父親である医者が病院を「こんなところ」呼ばわりしたりもしているのだ。もちろん、現在の復刻DVD等では、そのほとんどが削除されており、『巨人の星』の該当シーンでも、その後は飛雄馬の口がパクパクしているだけになっていたりする。かつてはタカラの「人生ゲーム」のCMで、「大金持ちになるか、貧●農場に行くか」というセリフがあったが、これも「農家に対する差別」という批判がでたため、のちには「大金持ちになるか、一文なしになるか」に変更されている。

怪奇小説や漫画にやたらと「せ●し男」が登場していた

怪奇小説・漫画では、片目の男や片腕のない男なども頻繁に登場していたが、何といっても定番となっていたのは「せ●し男」だった。薄気味の悪い洋館などが舞台の時は、必ずといってよいほど登場していて、どれもが物語のおどろおどろしい雰囲気を盛り上げる役目を果たしていたのである。ちなみに、漫画界の巨匠ちばてつや氏のデビュー作も『復讐のせ●し男』であるが、これはそのタイトルゆえにもう復刻される可能性は皆無となってしまっている。なお、有名なヴィクトル・ユーゴー著の『ノートルダムのせ●し男』も、現在ではタイトルが『ノートルダムの鐘』に変更されているケースが少なくないようである。

少年漫画誌に怪しげな通販広告が掲載されていた⚠

昭和期の少年漫画誌には、やたら怪しい通販広告が掲載されていた。服が透けて見えるメガネとか、女の子に食べさせるとヘンな気分になって近寄ってくるという「ガラナチョコレート」とか、みるからに嘘臭い商品もあったが、理屈としては一応納得できる感じのものも多かった。

代表的なのは「ブルワーカー」（筋力トレーニング器具）で、だいたいこれにはいつも漫画が添えられてあって、「ひ弱で女性にもバカにされていたボク」が、ブルワーカーやったらムキムキになって、女の子たちを連れて海にも行けるくらいモテモテになりました、という話になっていた。

ほかにも、身長を伸ばす効果がある「川畑式背のび法」とか、室内でも日焼けできる太陽灯、成績が上がる「睡眠学習機」、かかとの部分が内蔵されていて履くだけで5センチ身長が伸びてみえるシークレットシューズなど、定番の商品がいくつかあったが、そのいくつかには女の子の写真が添えられてあり、いかにも「これをやればモテます」みたいな暗示となっていた。

また、それとは別に生物系の広告もあって、特に昭和40年代、大人気となっていたのが「シーモンキー」（英名：ブラインシュリンプ、学名：アルテミア）だった。「いまアメリカでスゴ〜イ人気」「タイムカプセルにのってきた！」という謳い文句で売られていたが、サルとは関係ない水生節足動物の一種だった。卵が乾燥した状態で売られていたのだが、塩水に入れるとたちまち孵化し、驚異的なスピードで成長して最終的には体長は1センチくらいになったりしたという。

その他よく掲載されていたのは、やはり切手の広告。「月に雁」か「見返り美人」か「えび蔵」の写真がよく出ていて、代表的な切手の値段が一覧になっていたので、子供たちはみなそれを比較して一番安いところで購入したりしていた。

昭和が終わりに向かっていくにつれ、そうした広告は姿を消していくが、今も多くの人々の記憶には残っている。やはり何となく眺めていたようでいても、みなちゃんとみていたということにはなるのだろう。特に、「あなたもモテモテに！」とでもいわれれば、たとえまだ少年だったとしても、決して看過はできなかったに違いないのだ。

少年漫画誌の特集記事がバラエティに富んでいた ⚠

かつての少年漫画誌の特集記事といえば、読み物中心で、そこには結構リアルな挿絵が添えられていた。「未来予想図」（1969〈昭和44〉年にアポロが月面着陸に成功したため、当時は21世紀になったらみなが宇宙旅行しているといわれていた）や「埋蔵金特集」「妖怪辞典」「UFOの謎」「恐竜図鑑」、近郊遊園地の最新アトラクション紹介など、読みごたえのある記事が多かった。

一時期は軍隊・戦争関連記事も人気となってよく掲載されていたが、しかしこれは1968（昭和43）年に業界で「あかつき戦闘隊事件」と呼ばれる事件が起きたため、以後タブーとなってしまった。『あかつき戦闘隊』（小学館『週刊少年サンデー』連載、相良俊輔作・園田光慶画）は、特攻の悲劇を描いた『少年サンデー』連載の作品だったが、同年これにちなんだ懸賞を行った際、1等を「日本海軍兵学校制服・制帽・短剣、帯刀セット」、2・3等を「アメリカ軍コレクション」、4・5等を「ドイツ軍コレクション」としたところ、「まるで戦時中の少年誌」「戦争賛美に繋がる内容」との批判が各界から続出したのである。この件により、他の少年漫画各誌も揃って戦記物掲載には消極的になっていった。

やがて昭和末期頃からは、そうした特集記事を挟む構成自体が時代遅れとみなされ始め、読み物のページは徐々に削減されていくこととなった。それに代わって今は、少年誌も青年誌も巻頭ページは女性の水着グラビアばかりである。さまざまな規制が強まる中、青少年が水着写真ばかり眺めているのをみると、みな欲求不満なのではないか……と何だか心配にもなってくるのだが、余計なお世話だろうか。

大人になったら漫画雑誌は読まないのが普通だった

漫画は昭和30年代頃まで「子供が読むもの」とされていたが、昭和40年代初頭頃からは成人して以降も読むことも段々と当たり前になっていった。

そのため、ニュースでは時おり「漫画を読む大学生が急増」なんてことも報じられ、世の大人たちは「最高学府まで行った者が漫画に夢中とは情けない」とため息をつくことになったのだった。なお、これについては1965（昭和40）年10月7日付朝日新聞朝刊にも「こどもマンガ　大学生に大もて」という記事が掲載されており、翌朝の同紙「天声人語」では「とっくにマンガを卒業した大学生が、またぞろマンガにとりつかれているという方が、よっぽどマンガではなかろうか」などと書かれたりしている。

しかし、学生運動家らの間でも、『あしたのジョー』（1968〈昭和43〉年～1973〈昭和48〉年：高森朝雄作・ちばてつや画）が掲載されていた『週刊少年マガジン』の人気が特に高まっており、

1970（昭和45）年3月31日～4月3日に日航機「よど号」ハイジャック事件が起きた時も、犯人のリーダー・田宮高麿は「そして最後に確認しよう。われわれは『あしたのジョー』である」と言い残して北朝鮮へと旅立っている。また、その頃には大学生の間で「右手に（朝日）ジャーナル、左手にマガジン」との言葉も流行した。

当時、青年向け漫画誌は『ビッグコミック』（1968〈昭和43〉年～：小学館）などまだ僅かであったため、やがては『マガジン』もその役目を担うようになってゆき、1970年代前半には都会の孤独や、貧困、自殺、妊娠、反戦活動などをテーマにした青年向けの重い作品がやたらと掲載されたりもした。一時は、こうしたアングラ化によりとんでもなく発行部数が落ち込んだため、数年後には軌道修正が行われているが、昭和世代では「あの頃のマガジンが一番面白かった」と語っている人が意外と少なくない。

写真週刊誌に死体写真がよく掲載されていた

昭和後期、花盛りだった写真週刊誌では、一時期やたらと死体写真が掲載されたりしていた。

電車での飛び込み自殺のあとで鉄道職員が人間の頭部を持って歩いているシーンだの、火事で真っ黒に焼けてマネキンのようになった遺体、割腹自殺し介錯された三島由紀夫の首、アイドル歌手・岡田有希子の飛び降り自殺現場、豊田商事会長で白昼に殺害された永野一男の血まみれの顔のアップだの、どれも衝撃的な写真ばかりだった。極めつけは1985（昭和60）年の日航ジャンボ機墜落現場写真で、『Ｅｍｍａ』（文藝春秋）その他に、ちぎれた手や足、黒焦げのまままだ火がくすぶっている遺体のアップなどが大量に掲載された。

しかし、1990年代からは遺族への配慮などもあって、規制する動きが強まり、こうした写真は次第に掲載されなくなった。また、写真週刊誌自体も次々に廃刊となり、今残っているものもお色気グラビア中心に変わっている。

ただ、不思議なことに太平洋戦争関連の番組や記事については、テレビでも雑誌でも遺体を映したり載せたりするのが通例となってきている。当時の悲惨さを実感させる意味でも、たしかに大きな役割は果たしていると思うが、何かちょっと意外にも感じられる現象である。

新聞社会面に、被害者・加害者・目撃者の個人情報が掲載されていた ⚠

昭和期には、事件が起きると新聞に被害者・加害者、はては目撃者の住所・氏名・職業・学校名までが全部掲載されていた。当時は、まだ中学生であっても、詳細とともに顔写真までが載せられたりしていたのである。

中には、「この事件で唯一殺人犯を目撃していたのは、喫茶〇〇に勤務しているウエートレスの

○○さん」などと書かれていて、「果たして彼女は大丈夫だったのだろうか……」と心配になるような記事もあった。

なお、昭和30年代には『彼奴を逃すな！』（1956〈昭和31〉年：鈴木英夫監督）という映画がヒットしていたが、これは「商店を営む夫婦が殺人事件を目撃し、新聞に住所氏名顔写真が出てしまったため、毎日おびえながら過ごすハメになる。警察はその夫婦を囮にして、命を狙って現れるであろう犯人を待ち続ける」という超トンデモストーリーとなっていた。

新聞で「美人ＯＬ」という見出しが使われていた ⚠

今では考えられないことだが、若い女性が殺される事件が起きると、新聞の全国紙では決まって「美人ＯＬ、殺される」といったタイトルが付けられていた。例を挙げれば、「美人ＯＬ、殺された？」（1975〈昭和50〉年6月17日付読売新聞朝刊）、「美人ＯＬに交際電話1千回」（1988〈昭和63〉年3月5日付読売新聞朝刊）などで、筆者も当時、子供心ながら、美人かどうかは関係ないのでは、と思っていたのだが、特に気にしている人はいなかった。なお、そうした記事ではたいていの場合、最後には「○○さんは、美人ということで近所でも評判だった」との一文が、見出しの根拠（エクスキューズ？）として付け加えられていた。

ちなみに、こうした記事は大正期くらいから盛んに掲載されており、一部識者の間ではやはり、「某新聞に『首無し美人』との大見標《おおみだし》を掲げてあった。首の無い女が醜婦か解ったものではない」（１９１２〈明治45〉年『新公論』４月号・松崎天民「新聞記者は何故に醜婦にも美人の称号を与えるか」）、「新聞紙上の美人の定義はますます怪しい、汽車往生すれば直ぐに轢死美人で、水に浮き上がれば直ぐに溺死美人……どれを見ても悉《ことごと》く美人だ」（１９２９〈昭和４〉年・村上浪六『評判の美人』）、「少年のころ、私は若い女性が、『死んで、あたしも美人になろうかしら』というのを聞いたことがある。自分みたいな不美人でも、水死かなんかすれば新聞で美人にしてもらえるというのだ」（１９５９〈昭和34〉年５月24日付毎日新聞朝刊・高見順）など、疑問を呈する向きもあった。全国紙でチェックした限りでは、最後の社会面「美人」見出しは１９８９（平成元）年７月２日付読売新聞朝刊「美人ＯＬ、夜は女ネズミ」。ここから考えれば、「美人」はほぼ昭和とともに消滅した表現といってもよいのかもしれない。

女性蔑視の曲が山ほどあった

昭和の時代はまだ男が強かったため、演歌でも歌謡曲でも「すがる女を男が振り切る、捨てる」といったタイプの歌詞がやたらと多かった。1969（昭和44）年には奥村チヨの『恋の奴隷』（なかにし礼作詞・鈴木邦彦作曲）がヒットし、そこでは「**悪い時はどうぞぶってね／あなた好みのあなた好みの女になりたい**」となっているほか、しばたはつみの『私の彼』も「**けんかすると顔がはれあがるほど私を強くぶつけど／愛しているわ**」（1975〈昭和50〉年：なかにし礼作詞・P．DELANOE／M．FUGAIN作曲）となっているが、これなどもDVを想起させる内容で、今であれば発売自体が不可能であろう。

また、1972（昭和47）年の宮史郎とぴんからトリオの『女のみち』の歌詞も「**私が捧げたその人に／あなただけよとすがって泣いた**」（宮史郎作詞・並木ひろし作曲）というものだったが、これはシングル売り上げ数で日本コロムビア公称400万枚（「325・6万枚」説もあり）に達し、『およげ！たいやきくん』（1975〈昭和50〉年：高田ひろお作詞・佐瀬寿一作曲・子門真人歌※シングル売り上げ約500万枚）に次ぐ歴代第2位となっている。当時の日本の人口は約1億人なので、老若男女全部合わせた国民の25人に1人くらいは購入したことになるのだが、今の若者が聴いたら「エッ、この曲が⁉」と絶句するのはまず間違いないであろう。

また、殿さまキングスの『なみだの操』（1973〈昭和48〉年：千家和也作詞・彩木雅夫作曲）も「**あなたのために守りとおした女の操／今さら**

他人に捧げられないわ／あなたの決してお邪魔はしないから／おそばに置いて欲しいのよ／お別れするより死にたいわ／女だから」という、現在の人々の意識からは遥かにかけ離れた内容の歌詞となっていた。しかし、「女の操」自体もすでに死語となっており、今の若い女性に話したところで、おそらくは「何それ？」といわれるに違いないのである。守るとか守らないとか、捧げるだのという概念自体もすっかり消え失せてしまっているだけに、現在であればこれはどこをとっても意味不明ソング、ということになるのかもしれない。

デタラメな歌詞の曲や放送禁止歌などがあった

当時はネットもなく情報が少ないうえに、視聴者がいちいち追及したり確認したりすることもなかったため、歌の世界では結構デタラメ描写がまかり通っていた。

有名なところでは、『飛んでイスタンブール』（1978〈昭和53〉年：ちあき哲也作詞・筒美京平作曲・庄野真代歌）というヒット曲があって、そこでは「**光る砂漠でロール**」「**夜だけのパラダイス**」と歌われていたが、実際のところイスタンブールには砂漠も「夜だけのパラダイス」も存在しない。しかし、聴いていた人たちは何となく「イスタンブールって、そんなとこなのか」「ラスベガスみたいなんだな」などと思っていたのである。

それより少し前に大ヒットした『『いちご白書』をもう一度』（1975〈昭和50〉年：荒井由実作詞作曲・バンバン歌）も、「**就職が決まって髪をきってきた時／もう若くないさと／君にいいわけしたね**」となっているが、「就職が決まってから髪を切るのか？　この兄ちゃんは、フォーク野郎みたいな長髪のままで面接行って受かったのか？」と当時から一部では不思議がられていた。

また、一方では放送禁止になる楽曲もやたらと多かった。よく知られているものでは卑猥な言葉遊びとなっている『金太の大冒険』（1975〈昭和50〉年：つボイノリオ作詞・作曲・歌）、自衛隊を風刺した『自衛隊に入ろう』（1969〈昭和44〉年：高田渡作詞・ピート・シーガー作曲・高田渡歌　※正式に放送禁止にはなっていないが、事実上禁止扱いだったとされる）、そのほか歌謡曲でも「**自分で乳房をつかみ／私に与えておくれ／まるで乳呑み児のように／むさぼりついてあげよう**」などと歌う『時には娼婦のように』（1978〈昭和53〉年：なかにし礼作詞作曲・黒沢年男、なかにし礼歌〔競作〕　※実際には「娼婦」という単語が問題とされている）や、「**後ろから前からどうぞ**」と歌い、映画化もされた『後から前から』（1980〈昭和55〉年：荒木とよひさ作詞・佐瀬寿一作曲・畑中葉子歌）などエロな歌詞が問題となる曲が結構あったりした。

なお、『金太の大冒険』については、なぜか2

０２３（令和５）年１月23日ＮＨＫラジオ第一放送の番組『マイあさ！』内のコーナー「サエキけんぞうの素晴らしき20世紀ポップ」で放送され、ネット等では大きな話題となったりしていた。

ビートルズが「不良の代表」扱いされていた

今では「偉大な音楽家」とされ、その曲が音楽の教科書に載ったりもしているが、リアルタイムでは結構「イカレた連中」「極バカ集団」呼ばわりされていた。長髪でエレキをテケテケとかき鳴らす彼らに、大人たちはみなマユをひそめ、年寄りなどは孫たちに「どんなに落ちぶれても、あんな人間にだけはなるな！」などといったりしていたのである。

ビートルズは１９６６（昭和41）年に来日しているが、この時の各学校の拒否反応も凄かった。公演に行った生徒は停学とのお触れを出している私立校も多く、公演当日はどの学校でも生徒の欠席状況を厳しくチェックしたりしていた。一部校長や教師らは、ビートルズファンについて、「洋モノの奇怪な宗教に洗脳された若者」のように考えており、音楽好きの生徒には「お前、まさかビートルズとか好きなんじゃないだろうな」などと探りを入れたりすることも多かった。

しかし、世界中の若者が熱狂し、音楽界自体がその影響を受けて大きく変わっていくようになると、次第にその流れには誰も逆らえなくなっていく。そして、結局は親世代の人々も、最後は認めざるを得ず、次第に批判は止めていくことになったのである。

なお、それまでは日本のポップスは「歌謡曲」というジャンルしかなく、老若男女みな同じ音楽を聴いていたりしたが、この頃からは世代によってそれが分かれ始めている。また、若者の間でも、その後平成初期までは、洋楽はおシャレ、邦楽はダサいといった見方が強まったりした。そして、ステレオヘッドフォンが普及したあたりからは、「みんなで一緒にみる、聴く」という文化自体も一挙に廃れていくことになった。

ちなみに、初期ハンブルクの時代のビートルズは、革ジャンにリーゼント、厚底ブーツという「ツッパリファッション」に身を包んで、酒とドラッグにまみれていた本物の不良グループであった。彼らのスタイルは、のちに日本でも「キャロル」（矢沢永吉が所属していたグループ）が真似ており、以後日本の不良の間でも一般化している。ビートルズ時代の大人たちは、決して長髪やエレ

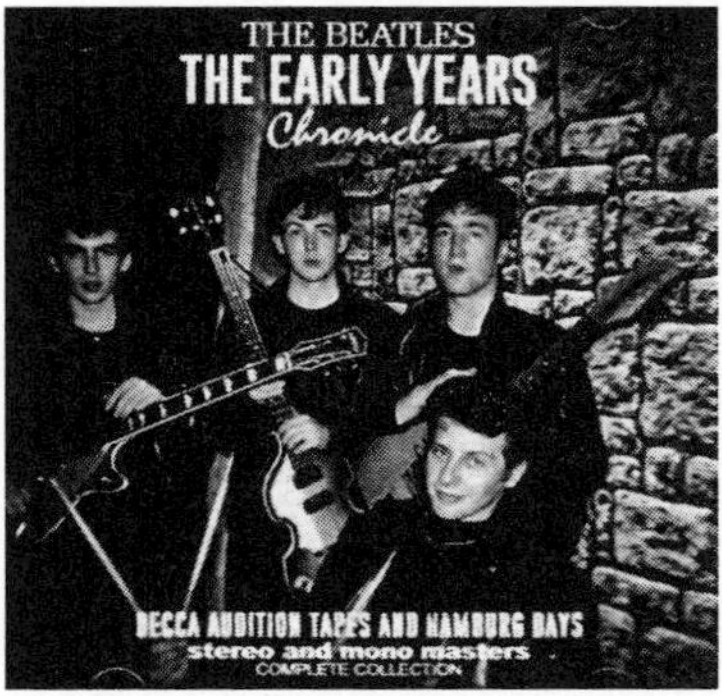

初期ハンブルク時代のビートルズ。イメチェン前は正真正銘の不良グループだった

キなど表面的な部分のみに不快感を覚えていたわけではなく、どこかそこにアウトロー・反逆者的なイメージを感じ取っていたのだともいえるのだろう。

「不幸」をウリにしている歌手がいた

演歌の世界で「苦節○年」とかいうのはよくある話だが、昭和中期頃には生い立ちの「不幸」そのものをウリにする歌手が次々にデビューしていた。

代表格は何といっても藤圭子で、北海道の極貧家庭に育った彼女は、『圭子の夢は夜ひらく』（1970〈昭和45〉年：石坂まさを作詞・曽根幸明作曲）の中で、「**十五、十六、十七と私の人生暗かった**」と歌い、これは当時大ヒットとなった。

のちに『みちづれ』が大ヒットした牧村三枝子も、北海道で炭鉱労働者の娘として生まれて極貧家庭に育ち、1972（昭和47）年に『少女は大人になりました』（千家和也作詞・竹村次郎作曲）という曲でデビューしている。しかし、これも「道を聞かれた見知らぬ人」に、「（セリフ）**私名前はミーコです／二年前北海道から出てきました**」と話し、さらには「**身の上話は年より長い／訳も名前も嘘ついて／泪で薄く化粧して／少女は大人になりました**（セリフ）**ゴメンナサイ／誰でもよかったの／やさしい言葉をかけてほしかったの**」となっていて、フィクションながらどこかイケナイことを連想させるような内容となっていた。

また、1972〈昭和47〉年にデビューした三善英史もシングル第三弾で『円山・花街・母の町』〈1973〈昭和48〉年：神坂薫作詞・浜圭介作曲〉をリリースし、渋谷円山町の芸者の息子で母子家庭に育ったことを明らかにしている。これは三善の実体験にフィクションを交えた曲となっていたが、元々はシングルにはしない約束でレコーディングも行っていたそうで、のちに三善はテレビ番組『徹子の部屋』でも、歌による出生の暴露は本意ではなかったと語っている。

ジャニーズ系ながら、児童養護施設で育ち里親に引き取られたことをプロモーションに利用されたのが豊川誕。無口で、どこか暗いカゲのある感じの華奢な少年で、デビュー曲から孤児の寂しさを歌わされていたが、極めつけは『白い面影』〈1977〈昭和52〉年：阿里あさみ作詞・浜圭介作曲〉で、「親のない子は焼かないパンを／喉につまらせ水をのむ／きれいな人かな母さんは／どんな匂いがするんだろう／だかれた記憶もないくせに／ばかだな母が恋しいなんて」「街をゆきかうだれもがみんな／母にみえるよこの頃は／たのみもしないになぜ産んだ」となっていた。雑誌でも「本当の親探し」があったり、テレビ番組『紅白歌のベストテン』名物コーナー「嘘発見器」では孤児であることを問い詰めていたり、『オールスター家族対抗歌合戦』では養護施設の所長やスタッフが家族代わりとして出場するなど、ひどい企画だらけだったようだ。

なお、豊川は1998（平成10）年以降、ヤクザとのつながりから覚醒剤中毒となり、たびたび逮捕され服役もしている。依存症治療のため医療刑務所にも入院したが、その後はアメリカの俳優ジョニー・デップが薬物中毒から立ち直る姿をみて励まされたとのことで、出所後にはさまざまな職を経たのち歌手としての活動を再開している。

芸能人の水泳大会が放映されていた

1970〜1980年代には、芸能人の水泳大会が民放でしばしば放映されていた。最初は競泳のタイムを競い合うなどカタい内容だったが、だんだんとお色気要素が強まり、女性アイドルの水着姿をどれだけ、どのように映すかがテーマとなっていった。そのため、発泡スチロールの浮島によじ登ろうとする女性アイドルを後ろから撮影したり、平泳ぎする姿を水中カメラで後ろから追いかけたり、とかなりえげつない映像が流れることも多かった。途中からは、騎馬戦の際にビキニのブラ（トップス）が外れて「ポロリ」となる場面が定番化し、番組の目玉となったが、もちろんこれはヤラセ。「ポロリ要員」と呼ばれる無名のお色気タレントが動員されており、どんなに間違っても松田聖子や河合奈保子のブラが外れることはなかったのである。

ただし例外もあって、1981（昭和56）年頃にSという当時売り出し中の清純派アイドルのブラがずれて、予期せずポロリになってしまう、という悲惨な事故が起きたことがあった。もちろんテレビではカットされていたが、その頃は観覧者の写真撮影が自由だったため、後日にはアクション系の雑誌にそれが多数掲載されてしまったりもしていた。

こうしたこともあって、ビキニを着るタレントは次第に減り、1990年代からはワンピースが主流となるなど、肌の露出は激減していく。やがてはトップアイドルたちの事務所も出演させることと自体を次第に拒むようになり、平成ひと桁頃を最後に水泳大会は行われなくなってしまった。

ゴールデンタイムの番組でも「ポロリ」シーンがあった

昭和時代は、ゴールデンタイムでも「おっぱいポロリ」シーンがよくあった。一番有名なのはドラマ『時間ですよ』（1965〈昭和40〉年に単発放映、1970〈昭和45〉年～1973〈昭和48〉年で連続ドラマ化、その後も『時間ですよ　昭和元年』『時間ですよ　ふたたび』などシリーズ化：TBS系）では、脱衣所や洗い場で胸が丸出しの女性がよく映し出され、ドラマの名物シーンとなっていた。『大江戸捜査網』や『影の軍団』でも女湯が出てきていて、後者のシリーズ最終話はタイトルが「乱入！女湯の24時間」だったりした。2時間ドラマでは火野正平らとの混浴シーンがウリの『混浴露天風呂連続殺人』シリーズ（テレビ朝日系）などがあったものの、昭和の終わりとともに裸シーンは段々とみられなくなった。『志村けんのバカ殿様』（1986〈昭和61〉年～2020〈令和2〉年：フジテレビ）で初期の頃はポロリがあったりしたがこれも次第に消滅していったし、平成以降では『水戸黄門』（TBS系）で由美かおるが入浴するシーンが話題になったりしたが、ここでも肩・背中・足やらのみで、「丸出し」ということはなかったのである。

なお、全裸シーンはCMでも時おりは出てきていた。有名なのは1973（昭和48）年東洋陶器（株）［現・TOTO］バスタブCM「お魚になったワ・タ・シ」での高沢順子（当時18歳）の入浴シーン。このCMは大きな話題となって、1985（昭和60年）には、三東ルシア（当時17歳）出演の続編も出された。

ちなみに、昭和40年代前半までは内風呂がまだあまり普及していなかったため、夏には庭で行水をする女性も実際多く、ドラマや漫画ではそれを覗くシーンも定番となっていた。木の塀のフシ穴から男が覗いて、それに気づいた女性が「キャーッ」と叫びながら水をぶっかけるのだが、当時は犯罪だとか警察出動だとかいう大げさな話にはなることはなく、たいていの場合は男が「てへへー」といいながら逃げて終わりだった。今考えてみても、やはり昭和はつくづく大らかな時代であった。

テレビでは11時以降が「大人の時間」とされていた

昭和の時代、小学生らは夜10時位になると、親に「さあ、もう寝なさい」といわれ、テレビをみさせてもらえないのが普通だった。特に11時頃になるとテレビのある茶の間には絶対に入れず、子供は起きているだけでも怒られたりした。

筆者も、この時間にどんな番組をやっているのか疑問に思って新聞のテレビ欄をみると、『11PM』(1965〈昭和40〉年〜1990〈平成2〉年：日本テレビ)とか出ているだけでやはりよく分からず、「『じゅういちぴーえむ』って何だ？」などと考えていただけだった。

ただ、その時間そっと襖を開けて覗くと、「シャバダバシャバダバ……」という怪しげな音楽が流れていて、父親が裸の女性の映像をみたりしていたので、「ははあ、なるほど」と思ったこともあった。

なお、『11PM』は、最初割合硬派の番組であったが、数年経つうちには段々とお色気系中心の内容へと変わっている。

そして、やがてはこれに続く形で、『23時ショー』(1971〈昭和46〉年〜1973〈昭和48〉年、1977〈昭和52〉年〜1979〈昭和54〉年：テレビ朝日)、『独占！男の時間』(1975〈昭和50〉年〜1977〈昭和52〉年：テレビ東京)、『トゥナイト』(1980〈昭和55〉年〜1994〈平成6〉年、

『トゥナイト2』は1994〈平成6〉年〜2002〈平成14〉年：テレビ朝日系列）、『サタデーナイトショー』（1981〈昭和56〉年〜1984〈昭和59〉年：テレビ東京）などが放送されるようになり、深夜時間帯の民放はみなアダルト向けの番組だらけとなっていった。

一番ひどかったのは、昭和末期〜平成ひとケタ頃で、某有名過激コーナーがあったことで知られる『TV海賊チャンネル』（1984〈昭和59〉年〜1986〈昭和61〉年：日本テレビ系列）や、アイドルにバスタオル1枚で歌わせたりしていた『花の女子高　聖カトレア学園』（1985〈昭和60〉年：テレビ東京）、全裸が当たり前の『姫TV』（1988〈昭和63〉年〜1993〈平成5〉年：テレビ朝日）、『EXテレビ』（1990〈平成2〉年〜1994〈平成6〉年：日本テレビ系列）、『平成女学園』（1992〈平成4〉年〜1998〈平成10〉年：テレビ東京）、AV女優の上半身を映しながら「今、股間がハケの水車で刺激されているのは誰か」を当てるクイズコーナーなどがあった『殿様のフェロモン』（1993〈平成5〉年〜1994〈平成6〉年：フジテレビ）、『ギルガメッシュないと』（1991〈平成3〉年〜1998〈平成10〉年：テレビ東京）、『ロバの耳そうじ』（1994〈平成6〉年〜1996〈平成8〉年：日本テレビ系列）、『A女E女』（1997〈平成9〉年〜1998〈平成10〉年：フジテレビ）など、深夜は低俗どころではない超おげれつ番組のオンパレードであった。

しかし、2000年代に入るとこうした番組への風当たりや規制が強まり、過激番組は次々と姿を消していった。今の子供たちはもうテレビにもあまり関心を示さないし、夜ふかししているとしてもゲームに夢中になっているかスマホをいじったりしているだけである。かつてイケナイ時間帯が存在したことなど知る由もないだろうし、中年以降の大人たちにとっても、もはやこれらはギラギラ若さが溢れていた時代の記憶であろう。

女子高生ヌードがガンガン出ていた

　かつては、女子高生等含めて未成年のヌードはそんなに珍しいものではなかった。１９７０（昭和45）年に、関根（現・高橋）恵子は15歳で映画『高校生ブルース』においてフルヌードを披露しているし、１９７４（昭和49）年には映画『恋は緑の風の中』でやはり当時15歳の原田美枝子も全裸になっている。川上麻衣子は、１９８３（昭和58）年に17歳で写真集『暑い国　夢の国　生まれた国』でヌードを披露しているし、普通の女子高生や無名の女子高生タレントでヌード写真を出している者もかなりの数に上っていた。

　また、平成以降では、栗山千明が１９９７（平成9）年にヌードを含む写真集『神話少女～栗山千明～』（篠山紀信・撮影）を出版しているのだが、この撮影時は何と12歳。そのため、これは現在出版社が自主規制し、絶版扱いにしてしまっている。ほかには、２００１（平成13）年にも、映画『ピストルオペラ』（鈴木清順監督）で、韓英恵が当時

10歳で全裸入浴シーンを演じたりもしていた。

現在は2014（平成26）年に改正「児童ポルノ禁止法」の施行がなされ、18歳未満のヌードはNGとなったため、こうした映画や写真集が出ることはもはやあり得なくなっている。あまり人々に意識されることはなかったであろうが、これもまた昭和〜平成前期までで消えた文化の一つなのである。

視聴者参加型の番組がたくさんあった

昭和の頃は、視聴者参加型番組がやたらと多かったが、その分ハプニングも頻発していた。台本がないため、トンでもないNGワードを口走ってしまったり、スポンサーのライバル会社の商品名を出して褒め称えてしまったり、「日焼けの跡をみせてください」と言われた女性がいきなりビキニのボトムス（下半身の布地）をビロンと下げて丸出しにしてしまったりなど、何が起こるか分からない感じがあって、それも視聴者にとっては楽しみの一つになっていたのである。

クイズ番組も、値段を当てると家電製品がもらえる『ズバリ！当てましょう』（1961〈昭和36〉年〜1972〈昭和47〉年、1975〈昭和50〉年〜1982〈昭和57〉年：フジテレビ系列他）、『アップダウンクイズ』（1963〈昭和38〉年〜1985〈昭和60〉年：現・テレビ朝日系列・TBS系列）、間違えると滑り台がどんどん上がっていき、落ちたらアウトという『ダイビングクイズ』（1964〈昭和39〉年～1974〈昭和49〉年：現・テレビ朝日系列）、『クイズタイムショック』（1969〈昭和44〉年～1986〈昭和61〉年：テレビ朝日系列）、『クイズグランプリ』（1970〈昭和45〉年～1980〈昭和55〉年：フジテレビ系列）等々どれも人気番組となっていた。しかし、2021（令和3）年9月26日に『パネルクイズアタック25』（1975〈昭和50〉年～：現・テレビ朝日系列）が終了し、地上波最後の視聴者参加型クイズ番組が消滅と話題になった（その後はまた衛星放送等で復活）。

しかし、当時制作に携わっていた担当者に聞くと、視聴者参加型クイズ番組は、出場予定者が「急に体調が悪くなった」といってドタキャンしてきたり、突然連絡がつかなくなったり、番組収録中もなかなか正解が出なかったり、収録後にも出場者の1人が「〇〇の部分は出さないで」と注文を付けてきたり……等々、アクシデントやトラブルが絶えなかったそうである。また、時には複数正解があって、解答者の答えも正しかったのに「間違い」の扱いにして、訴訟を起こされたケースも起きていたという。今となってはその点、制作側もすっかり安心して収録ができているようだ。

とはいえ、一方で芸能人がスポンサーからの賞品を貰っているのをみても、一体何が面白いのか昭和世代はサッパリ分からなかったりする。そういえば、クイズではないのだが、昔スターがスターの物まねをする『象印スターものまね大合戦』（1967〈昭和42〉年～1977〈昭和52〉年：

現・テレビ朝日系列他）というかなり無理な企画があって、賞品のマホービンを貰った芸能人が喜ぶ場面が映し出されていたりしていたが、筆者の母親などは「この人、こんなのもらって嬉しいのかしらね」などとヒドいことをいったりしていた。

　今となっては何もかもが予定調和的になってきており、ハラハラすることもほぼなくなっている。それでも、若い世代は生まれた時からずっとそうした番組しかみていないので、「これが普通」くらいにしか感じていないのかもしれない。

テレビ番組が濃くて短かった

今はゴールデンタイムでも3〜4時間番組が普通になっているが、昭和の時代は5分・10分・15分・30分・1時間番組がほとんど。長時間番組は、特別番組・記念番組や年末の紅白・日本レコード大賞・日本歌謡大賞などに限られていた。

　また、短時間番組では、今や半ば〝伝説〟化している、アニメ『チャージマン研！』（１９７４〈昭和49〉年：ＴＢＳ系列　※超トンデモな内容だったため、近年テレビやネットで話題になった作品）や『勝抜き腕相撲』（１９７４〈昭和49〉年〜１９７５〈昭和50〉年：テレビ東京　※南波勝夫さんというムチャクチャ強い人がいて、72連勝もしていた）のような珍作も時おり生まれていた。

　現在、番組をやたらと長くするようになったのは、もちろん時間当たりの制作費を削減するのが目的である。それだけに、今の番組の内容は総じて非常に薄い。バラエティ番組も、芸能人を解答者にしたクイズ形式にして、20～30分程度の内容を3時間くらいに水増ししているものが大半である。

テレビでホンモノの「ドッキリ」が放送されていた

昭和の時代には、とてつもなく過激なドッキリ番組が放映されていた。

まず思い出されるのは日本テレビの『元祖どっきりカメラ』である。一般人や芸能人を対象にイタズラを仕掛けたり騙したりしてその反応を楽しむという内容で、最後には俳優の野呂圭介が「NTV元祖どっきりカメラ」の看板を持って登場し、ネタばらしをすることになっていた。

初めて放映されたのは1970（昭和45）年9月26日のバラエティ番組『なんでもやりまショー』で、当初は番組の1コーナーだった。この時は「俳優の宍戸錠が白バイ警官になりすまし、昼過ぎの角打ち居酒屋に入ってマス酒を飲む」という設定で、その際の店主や周囲の反応の隠し撮りがなされていた。当然、これは通報され警察が駆けつける事態となったのだが、事件化まではされなかったこともあり、何とそのまま一部始終が放送されてしまう。しかも大きな反響があったため、日本テレビでは同コーナーを独立した番組にすることを決めたのだった。内容はその後もエスカレートする一方で、あまりに過激なためにお蔵入りした回も相当な数あったという。

「とある海水浴場の公衆便所で、男性が用をたしていたところ、いきなり前の壁が倒れて屋外授業中の女子高生たち（こちらは仕込み）の目に晒されてしまう」「ある田舎の八百屋で、配達に出て戻ったら店が魚屋に変わっていた」「一般男性の前に見知らぬ女性が現れ、『あなたの子供を妊娠した。責任を取って欲しい』と訴えかける」などといったトンデモなイタズラも多く、「子供を妊娠」の時には、対象となった男性が、「僕、今年はまだヤッてませんよ」などと怒ったりしていた。

ほかにも、「ロケ中1人になった芸能人がヤクザ風の男たちに取り囲まれて因縁をつけられる」とか、「ある新人女性芸能人が的に向けてクロスボウを撃ったら、裏に人がいて（こちらは仕込み）その背中に刺さってしまう」といった、みているだけでかなりハラハラするような回もあり、クロスボウの回では、その新人女性芸能人がショックのあまり失神しかけたりしていた。また、ガッツ石松がある学校で特別授業をしていたら、学生から「面白くないぞ」とヤジが飛んだり、ザワついたり、学生同士が乱闘を始めたりするという回があり、この時にはブチ切れたガッツが学生にビンタをかましたり、椅子を投げつけたりもしている。これに限らず、騙された芸能人や素人が本気で怒り出したり、野呂を追い回したりする場面も何度となく放映された。

謝罪役の野呂圭介自身もたびたび騙されていたが、1980（昭和55）年10月16日には「今後1

年間、俺は絶対騙されない。もし騙されたら、銀座の歩行者天国を赤フンドシで歩く」と宣言、しかしやはり騙されてしまい、本当に銀座をヘルメットに赤フンドシという恰好で歩くハメになった。当然、これも通報されて野呂は警官に両脇を挟まれ拘束されたのだが、恐ろしいことにこの様子も全部そのまま放送されたりしていたのである。

他局でも『いたずらカメラだ！大成功』（1976〈昭和51〉年〜1977〈昭和52〉年：テレビ朝日）、『スターどっきり㊙報告』（1976〈昭和51〉年〜1998〈平成10〉年：フジテレビ）など類似の番組が次々に出てきたが、やはり過激さで『元祖――』にかなうものはなかった。

現在もドッキリ番組は放送されているが、警察が出動するような企画を出すことなど到底不可能となっている。一般の素人や通り掛かりの人を巻き込むこともあり得なくなり、現在は騙される側の人たちも、実はほとんどがその局と契約している劇団の団員たちである。ネタも、「仕事先で初対面の人に失礼な態度を取られたら」「芸能人が変装して一般人の前に出たとしたら、バレるかバレないか」など、ハッキリいってしまえば毒にも薬にもならないような薄い内容ばかりだ。やはり、ホンモノの「ドッキリ」は、時代が昭和でない限り絶対に生まれなかった番組だといえるのだろう。

スポーツ番組が野球・ボクシング・相撲くらいしかなかった

昭和時代はプロサッカーがまだなく、みるスポーツも今ほど多様化していなかった。一番人気はやはり野球で、ナイターは連日ゴールデンタイムの民放で中継されており、どの家庭でも父親はだいたいそれをみていた。また、中学・高校の部活でも野球部はダントツ人気で、野球部員は女子によくモテた。

ボクシングの人気も現在とは比べ物にならないほど高く、昭和40年代前半まで世界タイトルマッチが始まると銭湯はガラガラとなったり、道路からは車が消えたりしていた。中でもファイティング原田の世界戦は、日本のテレビ歴代視聴率ベスト10に2試合ランクされており、1966（昭和41）年5月31日のファイティング原田対エデル・ジョフレの世界バンタム級タイトルマッチは視聴率63・7％で歴代5位となっている。

相撲も安定した人気を誇っており、老若男女がみていた。小学生も休み時間にはよく校庭で相撲を取っていたし、力士の顔が描かれたメンコなども多数出回っていた。

だが、右記以外のスポーツとなるとピンとこない人が大半で、オリンピックでみるまでそのスポーツの存在自体知らなかったなんて話もしばしば聞かれた。筆者も子供の頃、ホッケーやフェンシングなどは全然知らず、オリンピックの競技が描かれた記念切手を全部揃えた時には、運動競技ってこんなにあるのかと驚いたりしたものだった。

現在はネット社会になったこともあって、プロ化されていないスポーツでもみなルールを詳しく知っていたりする。冬季五輪のカーリングあたりでさえメジャーになってきているのをみると、昭和世代などは隔世の感を抱かざるを得ないようだ。

ドラマの医者が聴診器を当てるだけで診断結果を告げていた

現在のようにパソコン・スマホ等で簡単に検索ができなかった時代、漫画やドラマの設定はかなりいい加減だった。そうした中で登場する医者は、だいたい患者の胸に聴診器を当てるだけで、ガンから白血病、脳内出血まで全部診断しており、さながら超能力者のようであった。おそらく作者も読者・視聴者も、実際にどんな検査をするのかよく分からず、適当に作っていたのだろうが、それで通ってしまうのだから制作側にしてもこの時代はかなり楽チンだったに違いない。

当時はガン告知も一般的でなかったため、診察後は患者に一旦「胃潰瘍ですな」とか伝えておき、その後そっと家族を呼び寄せてから、「お気の毒ですが、ガンです。もう手遅れです」などと話すのもお決まりの展開となっていた。それに続くシーンとしては、忘れ物を取りに戻った当人が偶然その会話を物陰で聞いてしまい、文字通り「ガーン」となる、というのもよくあった。

また、名作漫画『あしたのジョー』（1968〈昭和43〉年～1973〈昭和48〉年：講談社『週刊少年マガジン』連載、高森朝雄作・ちばてつや画）でも、ジョーのライバルの力石徹がリング上で倒れて意識不明になっているのに、なぜか脳外科には救急搬送されず、控室の寝台で早々と顔に白布がかけられたりしていた。何の検査も開頭手術も行っていないのに、「死因は脳内出血」「過度の減量とダウンの際ロープで頭を強打したことが原因」などと医師が断定しているのも謎というほかないのだが、なぜか当時は疑問の声はまったく上がっていなかった。

超常現象やオカルト、UMA番組が大人気になっていた ⚠

1974（昭和49）年に、超能力者のユリ・ゲラーが来日し、同年3月7日に日本テレビで『木曜スペシャル　驚異の超能力!!世紀の念力男ユリ・ゲラーが奇跡を起こす!!』（視聴率26・1%）が放送されると、日本中で一気に超能力ブームが起きた。ゲラーは、番組の中でフォークをクニャッと曲げてみせたりしたほか、透視術も披露。さらには、カナダに滞在中のゲラーが国際電話で日本の視聴者に向けて念を送ると、スタジオで待機していた数十人の受付嬢の前の電話が一斉に鳴り出し、「自宅のスプーンが曲がった」「壊れていた時計が動き出した」などという話が次々に紹介されたりしていた。また、同時期には関口淳、清田益章などの超能力少年も次々に発掘され、これも時代の寵児となっていった（ただし、のちには関口が大麻取締法・窃盗・無免許運転、清田は大麻取締法違反で逮捕され、いずれも「超能力少年の転落」として報じられている）。

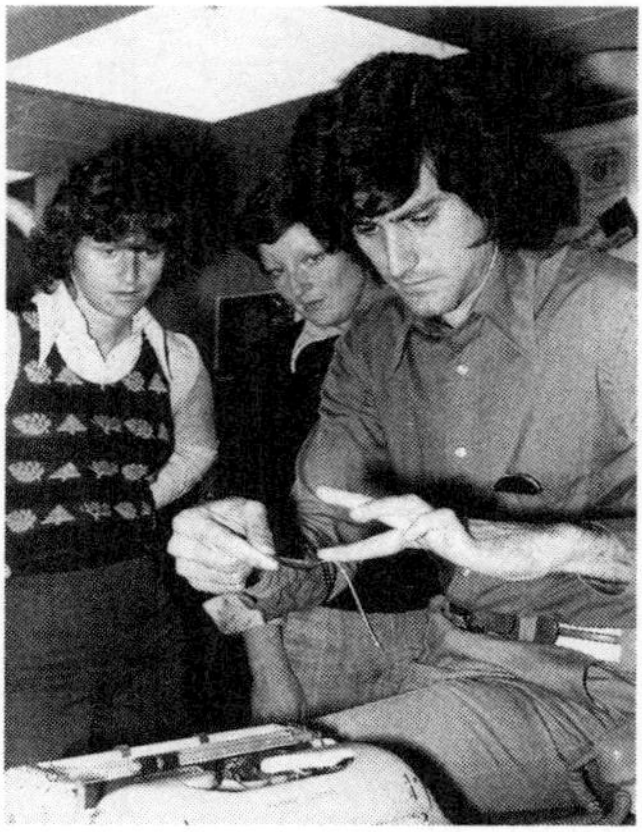

スプーンに念を送るユリ・ゲラー。日本だけでなく、アメリカやイギリスのテレビ番組にも出演した
写真：Ullstein bild／アフロ

余計な話をするようだが、筆者は当時、超能力そのものより、なぜ「スプーン（フォーク）曲げなのか」が不思議でならなかった。「スプーンなんか曲げてもみんな迷惑するだけだし、そんな凄い能力を持っているなら、社会でもっと役立つ方向で活かせばいいのに」と思っていたのだが、意外と賛同してくれる人はいなかった。

なお1976（昭和51）年になると、このブームの仕掛人だった日本テレビのプロデューサー・矢追純一は、興行師・康芳夫と組んで今度は「オリバー君騒動」を巻き起こしている。

この時は人間とチンパンジーの交配種とされる動物がパンツを穿いて直立歩行で画面に登場。染色体を調べたら、人間とチンパンジーのちょうど中間になる47だったとされ（実際は正確でなかったとされる）、「メスのチンパンジーよりも、人間の女性に興味を示し、ヌードグラビアに反応する」ということになっていた。当時のテレビの悪ノリぶりは凄まじく、「オリバー君の花嫁を募集」「子供を産んだら賞金1000万円」なんて仰天企画まで出されていたのだが、これには実際100名近い応募があったという。

ちなみに、オリバー君のその後については、2000（平成12）年に日本テレビの『あの人は今!?』の中で、動物養護施設で過ごしていることが報じられている。彼は最後、白内障でほとんど目もみえず、関節炎も患って動くのもやっとという状態となって、2012（平成24）年に亡くなったという。

ゴールデンタイムや日曜昼間も俗悪番組だらけだった ⚠

規制ユルユルだった時代、テレビは家族全員が視聴する時間帯も俗悪番組だらけとなっていた。昭和40年代、そうした番組の中でも特に人気が高かったのが、『コント55号の裏番組をぶっとばせ!』（1969〈昭和44〉年4月～1970〈昭和45〉年3月：日本テレビ系列）であった。これはその番組名の通り同時間帯に放送されているNHK大河ドラマ『天と地と』に対抗するための番組として制作されており、その中の「野球拳」（ジャンケンで負けるたび、出演した女性タレントが服を脱ぎ、その服をオークションにかけるというゲーム）コーナーが好調で、1969（昭和44）年7月6日には視聴率29・3％を記録し、同日27・6％だった『天と地と』を本当に上回ってしまった。その後同年10月には視聴率が33・8％にまで達し、翌月からは『コント55号の野球ケン!!』として独立した番組にもなって水曜日21時台に放送されたが、番組審議会やPTAなどからの批判も相次ぎ、約5か月で終了となっている（同時間帯のほかには、1969〈昭和44〉年12月31日に『第20回紅白歌合戦』の対抗番組として特別に放送されたこともあった）。

なお、野球拳番組は、1993（平成5）年12月31日に『スーパー電波バザール　年越しジャンボ同窓会』（日本テレビ）、翌1994（平成6）年12月31日『ダウンタウンの裏番組をブッ飛ばせ!!』（同）でも放送されたが、翌々年となる1995（平成7）年12月31日に放送された同特番の第2回『裏番組をブッ飛ばせ!!　'95大晦日スペシャル』（同）をラストとして正式に終了している。

視聴者参加型のバラエティ番組として日曜の昼間に放送されていた『TVジョッキー　日曜大行進』（1971〈昭和46〉年1月～1982〈昭和57〉年12月：日本テレビ）もグロネタやエロネタが多いことで有名だった。賞品となっていた白いギターとEDWINのジーンズ欲しさに集まった奇人・変人・珍人を紹介するコーナーでは、「ゴキブリを生で食べる」「ミミズをザルソバ代わりに食べる」などひどい場面が次々に出てきていたし、「女子ボインちゃん大会」では素人女性の乳房がアップで映されたりもしていた。また、さらにはブルマ姿の少女に縄登りをさせ、下からそれを撮影する、なんてことまで行っていたのである。

時間帯としては少し遅くなるが、毎週土曜夜10時から放送されていた『ウィークエンダー』（1975〈昭和50〉年～1984〈昭和59〉年：日本テレビ）も、俗悪の名を欲しいままにした過激な番組だった。新聞の三面記事や週刊誌で特集されているような怨恨系の殺人事件やら性犯罪などについて、泉ピン子や桂朝丸、横山やすしなどがレポーターとなって紹介するのだが、その内容たるや凄まじいの一語。加害者の写真パネルをバンバン叩きながら、「見てよ、このひどい面。これじゃ犯罪起こすわよ」だの「この野郎、最後の最後までバカ丸出しなんだよね」と罵るなど、人権などカケラほども考慮せず、ただただ笑いを取ることに徹していたのである。

また、途中に再現ドラマも挿入されたりするのだが、これもストッキングをかぶって女性の部屋に侵入するレイプ魔やら、浣腸魔だのが出てくるなど何でもアリだった。芥川賞作家・西村賢太も、自伝的小説『苦役列車』の中で、父親が性犯罪を起こした際のことについて「テレビの『ウィークエンダー』で早速に父親の事件が面白おかしく採り上げられると、母の克子は尚と急いで離婚の手続きと転居先探しに奔走し、都合十日程を経た一夜、十時を過ぎた頃合に彼ら母子三人は、二度と戻れぬ生育の町から人知れず逃げ出す次第となったのである」などと記している。

当時は日本テレビの看板番組にさえなっていたが、当然現在なら放送などできる内容ではないし、若年世代からすれば、こんな番組が存在したこと自体が信じられないに違いない。ちなみに、泉ピン子はのちにＮＨＫ朝の連続ドラマ『おしん』（１９８３〈昭和58〉年〜１９８４〈昭和59〉年）で好演したことにより国民的女優の仲間入りを果たしているが、最初この番組のレポーターとして売り出していることは黒歴史でもあるらしく、以降ほとんど触れなくなってしまっている。

「録音笑い」がほとんどなかった

現在はバラエティ番組などの演出で、「録音笑い」（出演者の言動に対して、あらかじめ作った笑い声や感嘆の声などを被せる技法）を入れることがほぼ常態化しているが、昭和の時代は極めて少なかった。それだけに、『奥さまは魔女』（１９６４〈昭和39〉年〜１９７２〈昭和47〉年：日本でもＴＢＳ、毎日放送で放映）のようなアメリカの番組などで、それが連発されていたりすると、何となくみていて違和感を覚える人も多かった。

しかし、日本でも平成以降は驚きを表す「えー」や、共感を表す「あー」、通常の笑い声や拍手、スタッフの失笑等を入れていくのは次第に当たり前のようになっていった。全然面白くも何ともない場面で笑い声が繰り返し入ることもよくあり、昭和オヤジらの中にはこれに対し、「笑うことを強制されているようで不愉快だ」という不満を持つ人も少なくないようである。

芸能人や有名人が住所を公開していた

個人情報今昔話の続きになるが、かつては『日本タレント名鑑』という本が出ていて、芸能人がみな自宅住所を公開したりしていた。歌手も、ひどい例になると、昭和40年代前半頃までレコードのジャケットに自宅住所が記載されていることさえあったりした。また、作家その他の世界でも名鑑はよく出されており、そのため一般人がそれらの居住地を知ることは極めて簡単だった。

漫画家も、連載作品の柱（ページ横部分）に「○○先生にはげましのおたよりを出そう！」というコメントとともに毎週自宅住所が掲載されていたので、ファンの子たちはよくそれを見てサインをもらいに行ったりしていた。筆者も昭和期は練馬に住んでいて、周囲に有名漫画家がたくさん住んでいたので（練馬区は漫画家が多く住む区として知られている）、しばしば友人たちと自宅を訪ねていた。玄関で呼び鈴を押すと、だいたい奥さんが出てきて、「あなたー、子供たちがサインですって」と大声で呼び、それに続いて本人が出てきたりした。

昭和期はトップアイドルの女の子も、芸能雑誌で最寄りの駅だのよく立ち寄る店だのを公開していたが、時には「自宅の前で」という写真を出していて、そこに住居表示板が一緒に写っていることもあったりした。

当時は『家族そろって歌合戦』（1966〈昭和41〉年〜1980〈昭和55〉年：TBS等）という番組があって、そこではトップアイドルの家族全員の名前が紹介されていたが、試みに電話帳で調べてみたら、実際に父親の名前で番号がちゃんと掲載されていたりした。10代半ばの頃、冗談半分で一度かけたこともあったのだが、そうしたら本当に父親が出てきて、「〇〇ちゃんはいませんか？」との私の問いに「今、まだ仕事から帰ってきていません」なんて答えていた。今になってみれば、まるでウソか冗談のようにも思える話である。

あとがき

本書は、昭和中～後期をリアルタイムで過ごした筆者が、当時の記憶や懐かしい思い出の数々を元に綴ったものである。そこでは、小学校に上がってから現在まで欠かさず綴ってきた日記や、気になることがあるたび書き残していたメモの束などが図らずも役立つ結果となった。また、初めてビデオデッキを購入した１９８３（昭和58）年以降は、毎日１８０分のＶＨＳビデオテープを３倍速にしてテレビ番組を9時間録画し、早送りにしてみ続けていたのだが、そこで得られた情報等も同じく大いに活かせることとなった。

しかし、こうしてふり返ってみると、やはり昭和は何のかんのといっても良い時代であったと思う。筆者にしても、「もし時間を戻せるとして、昭和・平成・令和のどの時代に若い時期を過ごしたいか」と問われれば、迷わず「昭和」と答える。嫌な目にも山ほど遭ってきたが、日々の生活にゆとりがあって、将来への不安も少なく、気楽な時代だったとも感じているからである。

そんな世の中が大きく変わってしまったのは、やはりパソコン・携帯が普及したあたりから、ということになろうか。以降はそれまでの多くの常識が通用しなくなり、習慣や風俗、流行なども異なり始め、相互監視も強まって、どこかギスギスした雰囲気の世の中になってしまった。また、「一億総中流」から「格差社会」に変化して以降は、多くの人々が気持ちの面での余裕を失ってしまったようでもあった。例えば昭和の時代なら、何でも余計な数を確保したり、余分な人数を雇ったり、という文化が至るところで定着していたのだが、今ではギリギリまで削減し、それどころか「さらに減らせないか」を検討するのが当然のようになっている。確かに「ムダは良くない」のだが、昭和期のそうしたムダの数々は同時にあの時代の豊かさの表れだったともいえるのだろう。

社会常識はなお刻々変化し、人々の意識も異なってきているが、単なる懐古趣味というだけでなく、この半世紀ほどの間に我々は何を得て何を失ってしまったのか、改めて考えてみることも必要かと思う。「温故知新」、それによってまた新たな未来もみえてくるのではないだろうか。

葛城明彦

参考文献

国土交通省関東地方監督部江戸川河川事務所ＨＰ
『学校の怪談　口承文芸の展開と諸相』常光徹（１９９３年：ミネルヴァ書房）
『ブルマーの謎〈女子の身体〉と戦後日本』山本雄二（２０１６年：青弓社）
『ＯＴＶ』ホイチョイ・プロダクション（１９８５年：ダイヤモンド社）
『昭和の不思議１０１』（大洋図書）
「ビートルズ不良時代」２０２１年夏の男祭号　本橋信宏・稿
「ウ～ン『マンダム』これで決まり!!」２０２１年夏の男祭号　藤木ＴＤＣ・稿
「俺たち昭和世代にとって　やっぱりギターが偉いんです」２０２２年陽春号　城信一・稿
「『ウィークエンダー』この番組に人権はなし」２０２３年陽春号　鈴木義昭・稿
「地獄の〝夢の島〟」２０２３年－２０２４年冬の男祭り号　藤木ＴＤＣ・稿
「レンタルビデオ屋で男は人生を学んだのだ」２０２３年－２０２４年冬の男祭り号　藤木ＴＤＣ・稿
「新宿西口フォークゲリラ　１９６９年〝一瞬の夏〟」２０２２年陽春号　本橋信宏・稿

「悲惨な生い立ちを売りにした〝不幸系〟歌手」２０２４年陽春号　馬飼野元宏・稿
『昭和の謎99』（大洋図書）
「日本中が仰天したオリバー君」２０１７年5月25日号　宇佐沢通・稿
「昭和パンチラ時代」２０１７年5月25日号　藤木ＴＤＣ・稿
「昭和のテレビはエロかった!!」２０１８年夏の真相解明号（同誌特集）
「『元祖！どっきりカメラ』の内幕」２０２１年秋号　ル・ピック高鍬真之・稿
「昭和の最低アイドル番組『聖カトレア学園』伝説」２０２１年秋号　藤木ＴＤＣ・稿

その他、昭和期の読売新聞、朝日新聞、毎日新聞、当時の雑誌、テレビ番組、ニュース映像等を多数参照した。

※基本資料としたのは、筆者自身の記述による昭和期当時の絵日記および日記である。

葛城明彦 Katsuragi Akihiko

東京都出身。早稲田大学教育学部卒。広告制作会社のコピーライターなどを経て、ノンフィクションライターとなる（複数のライター名を使用）。（一財）日本ボクシングコミッションのレフェリーとしての顔も持ち、また都内および近県では公的施設等で日本史講師も務める。著書に『「ジョー」のモデルと呼ばれた男　天才ボクサー・青木勝利の生涯』（彩図社）など。

中公新書ラクレ 841

不適切《ふてきせつ》な昭和《しょうわ》

2025年 5 月10日発行

著者……葛城明彦《かつらぎあきひこ》

発行者……安部順一

発行所……中央公論新社
〒100-8152 東京都千代田区大手町 1-7-1
電話……販売 03-5299-1730　編集 03-5299-1870
URL https://www.chuko.co.jp/

本文印刷…三晃印刷　カバー印刷…大熊整美堂　製本…フォーネット社

©2025 Akihiko KATSURAGI
Published by CHUOKORON-SHINSHA, INC.
Printed in Japan ISBN978-4-12-150841-6 C1236

定価はカバーに表示してあります。落丁本・乱丁本はお手数ですが小社販売部宛にお送りください。送料小社負担にてお取り替えいたします。本書の無断複製（コピー）は著作権法上での例外を除き禁じられています。また、代行業者等に依頼してスキャンやデジタル化することは、たとえ個人や家庭内の利用を目的とする場合でも著作権法違反です。

中公新書ラクレ　好評既刊

ラクレとは…la clef＝フランス語で「鍵」の意味です。
情報が氾濫するいま、時代を読み解き指針を示す
「知識の鍵」を提供します。

L818

没落官僚
―国家公務員志願者がゼロになる日

中野雅至 著

「ブラック霞が関」「忖度」「官邸官僚」「経産省内閣」といった新語が象徴するように、片やスーパーエリート、片や「下請け労働者」という二極化が進む。地道にマジメに働く「ふつうの官僚」が没落しているのだ。90年代から推進された政治主導は成功だったのか？　著者は元労働省キャリアで、公務員制度改革に関わってきた行政学者。実体験をおりまぜながら、「政官関係」「天下り」「東大生の公務員離れ」等の論点から〝嵐〟の改革30年間を総括する。

L834

論破という病
―「分断の時代」の日本人の使命

倉本圭造 著

自分と異なる意見を持つ相手を「敵」と認定し、罵りあうだけでは何も解決しない。今必要とされているのは、「メタ正義」感覚だ――。堀江貴文氏失脚に象徴される日本の「改革」失敗の本質的な理由や、日本アニメの海外人気が示唆するもの……などをひもとくことで、「グローバル」を目指して分断が深まった欧米とは異なる日本ならではの勝ち筋を見つけ、この20年の停滞を乗り越える方策を提示する。多極化時代の道しるべとなる一冊。

L836

匿名犯罪者
―闇バイト、トクリュウ、サイバー攻撃

櫻井裕一＋高野聖玄 著

近年のデジタルツールを駆使した犯罪集団は、SNSや匿名通信アプリで強盗や特殊詐欺への参加を募るという、まるでプロジェクトごとに集合離散を繰り返す。そのため警察庁によって「トクリュウ」＝匿名・流動型犯罪グループと名づけられるに至った。本書では、こうした組織構造や構成員、背景、国籍が謎に包まれた最新型犯罪集団の実態を解明し、私たちが闇バイトやサイバー犯罪に巻き込まれないよう、具体的な対策までを解説する。